本书为湖南省社科成果评审委课题“南岭走廊城乡社区治理创新性经验的民族志研究”（XSP19YBC069）
湖南省民族宗教委员会研究基地南岭走廊乡村建设研究基地系列成果
湘南学院重点培养学科社会学研究系列成果
湖南省教育厅一般课题“乡村振兴战略背景下美丽乡村村落文化建设与发展研究”（18C1036）
湖南省哲学社会科学规划基金办公室研究课题（青年项目）“城市社区社会工作岗位设置研究”（13YBA299）
湖南省“十三五”教育规划项目“职业教育介入罗霄山连片特困地区的精准扶贫路径研究”（XJK016BZY032）系列成果
湘南深度贫困区贫困退出机制的评价体系研究（Czsskl2017004）

南岭走廊
瑶族村寨治理与发展研究

NANLING ZOULANG
YAOZU CUNZHAI ZHILI YU FAZHAN YANJIU

刘卫平 陈敬胜
童 翎 李春艳 著

西南财经大学出版社
Southwestern University of Finance & Economics Press
中国·成都

图书在版编目(CIP)数据

南岭走廊瑶族村寨治理与发展研究/刘卫平等著．—成都：西南财经大学出版社，2020.5
ISBN 978-7-5504-4292-4

Ⅰ.①南… Ⅱ.①刘… Ⅲ.①瑶族—村落—社会管理—研究—中国
Ⅳ.①C912.82

中国版本图书馆 CIP 数据核字(2019)第 298988 号

南岭走廊瑶族村寨治理与发展研究
刘卫平　陈敬胜　童翎　李春艳　著

责任编辑：李晓嵩
责任校对：杜显钰
封面设计：何东琳设计工作室
责任印制：朱曼丽

出版发行	西南财经大学出版社(四川省成都市光华村街 55 号)
网　　址	http://www.bookcj.com
电子邮件	bookcj@foxmail.com
邮政编码	610074
电　　话	028-87353785
照　　排	四川胜翔数码印务设计有限公司
印　　刷	四川五洲彩印有限责任公司
成品尺寸	170mm×240mm
印　　张	14
字　　数	216 千字
版　　次	2020 年 5 月第 1 版
印　　次	2020 年 5 月第 1 次印刷
书　　号	ISBN 978-7-5504-4292-4
定　　价	88.00 元

序言　民族走廊研究的路径与方法

20世纪80年代，费孝通先生提出了“民族走廊”这一概念，目的在于运用“一个宏观的、全面的、整体的概念，看中国民族大家庭里的各个成分在历史上是怎样运动的”①。大致从1978年到1982年，“民族走廊”这个概念分别在中央民族工作会议上、中央民族大学和中南民族大学社会学高级研讨班上被费孝通先生提过三次。费孝通先生的思路是如何打破行政区域或区划的限制、打破这种单一学科的限制来做研究，于是提出这样一个框架来理解中国多民族格局的形成。这一提法将“中华民族多元一体格局”理论推向具体化、可操作的层面，得到了学界的认可。

进入21世纪，对民族走廊的研究重新回到研究者的视野，掀起了一波又一波热潮。相对而言，藏彝走廊和西北走廊的研究已经取得了较多成果，南岭走廊的研究略微滞后。近些年来，笔者多次进入南岭走廊从事田野调查工作，并先后多次召开相关专题研讨会，于2016年发起成立由超过十个成员单位组成的“南岭走廊论坛”，希冀能为南岭走廊研究贡献一己之力，同时丰富民族走廊研究。为此，笔者不揣冒昧，重点以南岭走廊为例，尝试讨论一下民族走廊研究的路径与方法。

---

① 费孝通. 费孝通文集：第8卷［M］. 北京：群言出版社，1999.

一、概念解析

笔者认为，对民族走廊这一概念可以从三个层面来理解：一是从地理上，二是从行政区划上，三是从文化上。民族走廊依托自然地理空间而生，覆盖了国家力量设置的行政区划的范围，同时还具有文化上的象征意义。

（一）地理和行政区划意义上的民族走廊

1. 藏彝走廊

藏彝走廊主要是指川、滇、藏三省区毗邻地区由一系列南北走向的山系、河流构成的高山峡谷区域。在横断山脉地区有岷江、大渡河、雅砻江、金沙江、澜沧江、怒江等六条由北向南的大河，故习惯上又称“六江流域”。藏彝走廊主要是指六江流域的上游，不包括下游，主要指高山峡谷地区。这一地区居住着藏缅语族中的藏族、彝族、羌族、傈僳族、白族、纳西族、普米族、独龙族、怒族、哈尼族、景颇族、拉祜族等民族，以藏缅语族的藏语支和彝语支的民族居多，故从民族学角度称之为藏彝走廊。

通常我们认为，从甘肃、青海然后沿陇西走廊一直走下去即是藏彝走廊的最北端，这说明青海这个位置恰好是两大民族走廊的一个比较中心的位置。藏彝走廊实际上也是一条南北通道。从地图上看，从甘肃、陇西走廊、青海、四川到云南，从云南可以出境到缅甸、印度，然后出海，是这样一条路线。

2. 西北走廊

关于西北走廊，费孝通曾说：西北地区还有一条走廊，从甘肃沿“丝绸之路”到新疆。在这条走廊里，分布着土族、撒拉族、东乡族、保安族、裕固族等，他们夹在汉族、藏族、蒙古族、回族中间；有的信喇嘛教，有的信伊斯兰教；有的讲藏语，有的讲蒙古语，有的讲突厥语，有些民族可以讲两种语言。语言是很复杂的，不容易处理。上述几个复杂地区：一条西北走廊，一条藏彝走廊，一条南岭走廊，还有一个地区包括东北几省。倘若这样看来，中华民族差不多就有一个全面的概念了[①]。到1982年，民族走廊研究已形成一个比较完整的三大民族走廊的概念。有学者尝试对民族走廊概念做进一步的补充，比如东北的锦州、辽宁，可以称为“东北亚民族走廊”，如此一来，民族走廊就打通了。

在西北走廊的核心地带有河西走廊，它同时也是亚洲大陆的核心地带，青海所在的地区刚好是藏彝走廊、“唐蕃古道”的起始点，是发源地带。把这个地带的高校、研究单位联合起来，可以开展很好的研究合作。从一个大的区域来看，西宁、兰州看似是在很偏远的地方，但从地理空间来看，却又是在中心地带。

3. 南岭走廊

南岭山脉也就是所谓的“五岭”，毛泽东诗词中有“五岭逶迤腾细浪，乌蒙磅礴走泥丸”，便是指这里。过去中原进入岭南有五条古道：越城领道、萌渚领道、骑田领道、零陵桂阳峤道、大庾岭道。具体说来，包括从江西南安越过大云顶，从湖南郴州进入广东连州，从湖南道州到达广西贺州，从全州进入广西静江。

南岭很重要的一点就是把中原的文化、岭南的文化、海洋的文化连接起来。南岭走廊将长江水系与珠江水系两大水系连接起来，是一个交流的地带。秦始皇在湘江上游修筑灵渠，那大概是中国最早的运河。灵渠与珠江水系的漓江相通，秦始皇当年即通过它来运兵、运粮，运河修有分水道，现在还完整地保存着。

南岭走廊上的各民族，不仅包括生活在黔、桂、湘、粤、赣、滇等交界处的汉藏语系壮侗语族中壮傣语支的壮族、布依族，侗水语支的侗族、水族、毛南族等，苗瑶语族中的苗族、瑶族、畲族等，还包括历史上由这条走廊南下、北上、东进的汉族、回族、彝族、仡佬族、满族、土家族、傣族等，这是我国中南民族地区与西南民族地区民族交流的重要地区，也是我国中南民族与部分西南民族的交汇和融合地区。

---

① 费孝通. 谈深入开展民族调查问题［J］. 中南民族学院学报（哲学社会科学版），1982（3）：2-6.

每一条民族走廊的形成都有它的地理条件，如藏彝走廊就是依托横断山脉形成一个海拔较低的低谷地带。南岭走廊同样也是一个地理概念。实际上，南岭走廊并不完全是东西走向，笔者调研时发现，南岭山脉并不是想象中那么难走，河流分水的地方有许多凹口，是可以跨过去的。在这个地带，有几条水系，是许多水流的发源地。例如，湘江的上游叫潇水，在永州一带，是从南岭山脉发源的一条河流，湖南境内有三条水流发源于这里。南岭山脉的北坡是长江水系，南坡是珠江水系，这是五条通道中较开阔的一条。

南岭走廊也是一个行政上的边缘地带。从行政区划上来讲，南岭走廊包括了广西的桂林、贺州、梧州，湖南的郴州、永州、怀化、邵阳和江西的赣州等地。我们在地图上可以看到，山脉作为分界线，也是行政上的区划。行政上的区划对于当地居民来说，一定程度上是可以跨越的，如通过通婚、贸易来往等。不同行政区划的政策不一样，差异越来越大。

（二）文化象征意义上的民族走廊

从民族学、人类学角度来讲，民族走廊是一种文化上的分界线。河西与河东不是一个简单的界限，而是一个文化上的界限。所谓“北戎西狄”就是指北方与西方是“戎”和“狄”住的地方。所谓“化外之地”，就是中原文化与蛮荒文化的分界线，是过去官员的流放地，在南岭被流放过的著名文人官员就有柳宗元、韩愈等。郦道元《水经注》称：“古人云：五岭者，天地以隔内外（会贞按：《汉书·严助传》载淮南王安上书，谏伐南越，曰：越与中国异，限以高山，人迹所绝，天地所以隔外内也）。况绵途于海表，顾九岭而弥邈，非复行路之径阻，信幽荒之冥域者矣。”五岭的文化意义就是将“天地以隔内外”。

从郑樵《通志》所载来看：“其雍州西境，流沙之西，荆州南境，五岭之南，所置郡县，并非九州封域之内也。”也就是说，南岭以外不属于“九州”，“九州”之外都是“化外之地”。

狄仁杰上疏云：“天生四夷，皆在先王封略之外，故东距沧海，西阻流沙，北横大漠，南阻五岭，此天所以限夷狄而隔中外也。”这就把中原与其外的无论地理、文化上的区别，都用文化将其强化了。

这些地理上的区分成为一种行政区划的依据，更是文化上的符号，具有象征意义。由南岭走廊划分的“化内”与“化外”，“文明”与“蛮荒”，在这一点上非常清楚，以五岭作为一种边界，这是文化边界。从学术上来看，我们也可以把它看成一种文化互动的通道。过去，学界更强调中原文化向外传播，我们的理论在很长一段时间内（包括大历史的书写）都是以中原为中心，这同时也包含了这样一个理念，即认为以中原为中心，文化向外面辐射。就南岭走廊来说，学界过去较多强调文化从北往南传播，很少强调文化的从南往北传播。同样的道理，学界多强调中原文化往河西运动，很少强调河西文化往中原的运动。封建时期创办国学院，强调中原的儒家思想，即“天下观”的基本理念，但实际上并不是这样的。例如，云南发现的元谋人、广东发现的马坝人等都在南岭一带。在湖南道县，学者们发现了最早的现代人化石，发现47颗牙齿，距今约8万年。前几年有一个很热门的观点，认为我们的现代人是从非洲传入的，在4万年前左右传入中国。如今在道县的发现，或又将改写历史。在道县还有一个重要发现：中国南方最早的稻作遗址，发现碳化的栽培稻的谷粒，大概在1.3万~1.6万年前。由此可见，稻作农业实际上是在南岭这一带兴起的。现在整个长江流域，几乎都是稻作农业，可以看到从南往北的一个运动的过程。

湖南出土了很多精美的青铜器，说明那里过去是一个很重要的与中原文明不太一样的独立的文明。四川的三星堆文化、浙江的良渚文化、辽西的红山文化等，都是如此。这些不同的文化在与中原文化互动的过程中融合，因此在书写历史的时候，人们会发现中国从很早开始就具有文化的多样性，并在地方历史中发现了更多有趣的地方。

二、民族走廊与“一带一路”

“一带一路”是近几年国家大力推动的发展倡议，包括涵盖新疆、重庆、陕西、甘肃、宁夏、青海、内蒙古、黑龙江、吉林、辽宁、广西、云南、西藏13个省（自治区、直辖市）的“丝绸之路经济带”和包含上海、福建、广东、浙江、海南5个省（直辖市）的“21世纪海上丝绸之路”，共涵盖18个省（自治区、直辖市）。

今天的“一带一路”覆盖了三大走廊的绝大部分地区，或者说，很大程度上是民族走廊的延续。“一带一路”的线路图中实际上包含了三大走廊中的许多重要古道，如南岭走廊上湖南与广西交界处的潇贺古道、广东与江西交界处的梅关古道，都是连接南北的重要通道。长期以来，大量人口通过这些古道实现从北往南或从南往北的迁移，如在珠三角地区，一些广东人的族谱都写自己的祖先是从南京珠玑巷进入广东的，有的说来自山西大槐树，这一也许算不上清晰明确的历史记忆在一定程度上反映了人口南迁的历史。

论及古道，尤其是贸易通道，无论是陆上丝绸之路还是海上丝绸之路，其实都是在民间。例如，黑茶的销路，从产茶区湖南安化进入长江流域，然后北上，走出国境，最北甚至抵达今天的俄罗斯。这一安化黑茶贸易路线图可以说明，走廊并不是孤立的，南岭走廊与西北走廊是连通的，我们不能孤立地去看一个走廊。古代的贸易是一站一站地走，是由商队接力式完成的，而不是马拉松式的过程，这就将海上丝绸之路与陆上丝绸之路连接起来。我们在做研究时还可以寻找到许多类似的例子。作为研究的视角，如能将古道与它的市场研究体系联系起来，将更能说明问题；将长途古道贸易与市场体系理论连接起来，也许还可以拓展更广阔的视角。

三、民族走廊研究的路径与视角

在有关民族走廊的研究中，研究者的目光主要集中于西北走廊与藏彝走廊，如王明珂《羌在汉藏之间——川西羌族的历史人类学研究》便是这方面的典范之作，王铭铭的《中间圈——“藏彝走廊”与人类学的再构思》可以说是对藏彝走廊研究视角的新探索。相对于西北走廊和藏彝走廊引起的热烈关注，人们对南岭走廊的研究显得有些冷落，少有学者将自己的研究自觉纳入南岭走廊这一具有背景意义的范畴当中。有学者鉴于这种状况，提出了一些关于加强南岭走廊研究的建议，认为南岭民族研究应当是介于“族别研究和立足于将中国56个民族作为一个整体的中国民族学研究”之间的研究范式，指出应当“关注族群之间的交融互动关系，在方兴未艾的族别研究所忽略的边缘地带寻找新的学术生长点”，因为“汉文化渗透到南岭民族的文化结构之中，相互间存在千丝万缕、欲理还乱的互动、交融、整合关系。局限于单一民族研究视野，往往身在其中，当局者迷，只见树木，不见森林”，“若是基于族别研究又超越族别研究，则可发现许多新的学术议题”①。

笔者想要强调的是，民族走廊研究是指自觉地将“民族走廊”作为一个范畴纳入研究当中，从这个意义上说，民族走廊首先提供了一种视角，其次才是研究对象或研究内容，即在民族走廊框架下展开的或以民族走廊为对象的研究。纵观以往有关民族走廊的研究，大致可以分为以下研究取向：

一是延续20世纪30年代以来形成的少数民族调查研究。这类研究是对某一行政区域或地理范围内的单一民族进行调查研究，从社会、经济、文化方面入手，力图比较全面地呈现民族社会的全貌。

二是从20世纪八九十年代开始引入，到21世纪形成的族群与区域研究。这类研究主要是以某一行政区域内的族群与文化为对象，涵盖族群历史、族际互动、族群文化等。这类研究取得了相当多的成果，贵州“六山六水”研究、岭南文化研究、西南文化研究等区域性研究被提出，特别是西南文化研究，成立了两个研究学会，延续了20多年，最早的一张西南民族分布地图是由梁钊韬先生所绘。

三是“华南学派”发起的历史人类学取向的研究。最近几年他们的目光由“华南”向“南岭”转移，从中可以看出华南与南岭之间的密切联系。历史人类学就是将区域与历史结合起来，重新书写地方历史，“华南

① 覃德清．关于开展南岭民族研究的构想［J］．广西师范大学学报（哲学社会科学版），2008（2）：64-69.

学派”做的最重要的一件事情就是解构大历史。很多时候，我们对大历史习惯了，会认为历史就是按照历史朝代表那样延续下来，但事实上，每一个地方其历史进程是不一样的。例如，山西在宋朝时是属于辽的。当时的辽、宋、金是三国鼎立的局面，但史官在书写历史时，往往只写宋。各个地方都有自己的小历史，南岭可能与许多中原统一的王朝关联不大。

四是“应用取向”的研究。这类研究突出了强烈的对现实的关怀，如从扶贫、发展、非物质文化遗产保护与旅游开发等方面展开介入式研究，凸显了民族走廊研究的价值取向。这类取向在民族走廊的研究中应用很多，取得了较为丰硕的成果。

任何一种研究取向都有可取之处，如何在前人的基础上向前走，笔者将从研究视角、研究队伍和研究方法、研究展望等方面提出几点建议。

（一）研究视角

1. 历史梳理

费孝通指出，中华民族是有许许多多分散孤立存在的民族单位，经过接触、混杂、连接、融合，同时也有分裂、消亡，形成一个你来我去，你去我来，你中有我，我中有你，而又具有个性的多元统一体①。

民族有个形成的过程，不断变化的过程。各民族间的往来变动，怎样影响它们的形成、合并与分化，最好是按历史形成的民族地区进行研究②。民族的来源、人群的来源相当复杂，何光岳著《中华各民族源流史》2 000 万字都未完稿。

费孝通还提出，广西、湖南、广东这几个省区能不能把南岭山脉这一走廊上的苗族、瑶族、畲族、壮族、侗族、水族、布依族等民族，即苗瑶语族和壮侗语族这两大集团的关系都弄清楚。这里各种民族有其特点，山区民族就同傣语系各族不同，以后的发展前景也不同。我们需要一个宏观的、全面的、整体的概念，看中华民族大家庭里的各个成分在历史上是如

---

① 费孝通. 费孝通文集：第 8 卷［M］. 北京：群言出版社，1999.

② 费孝通. 费孝通文集：第 8 卷［M］. 北京：群言出版社，1999.

何运动的[①]。其实从历史学的视角看，历史上人口的迁移，不一定能准确描述，但至少可以看出我们的祖先是不断迁移的。虽然我们的祖先讲究“安土重迁”，但由于自然、历史事件等因素，他们不得不迁移。例如，广东的客家人如何到达四川，就跟“湖广填四川”有关。人口的迁移总会涉及族群的互动的，族群与族群之间是如何互动的，尤其是小群体的文化、群体的认同是如何保存和延续下来的，这是最值得我们去探讨的问题。在许多大民族的压力之下，那些小的族群能够保存下来，保留自己的民族认同、语言，是一件很不容易的事情。这是如何保存下来的，值得大家深思。笔者的拙作《族群孤岛》即讨论在很多大民族包围之下，许多小民族如何维持自己的民族边界，怎样保存自己的民族认同、保持自己的文化传统。

另外，中央王朝与地方的族群、地方的关系是非常复杂的，是相互之间不断矛盾、不断斗争、不断博弈的过程，不是一个简单的过程。秦始皇时期，中央王朝发布命令要求“书同文、车同轨”，这个命令上传下达，具体落实到地方，此过程并不简单，是一个漫长的过程。20 世纪二三十年代，陈汉生写《中国的土地与农民的收入》时，在无锡一个地方做土地调查时发现称量粮食的单位“石”就有很多种表达方法；对于测量土地面积的单位“亩”，在无锡竟然有 100 多种表示方法。需要提醒的是，这个时期是民国时期，从秦朝到民国，统一度量衡已经过去上千年，但落实到地方，依旧还是做不到完完全全的统一。这是一个十分漫长而复杂的过程，要让中国每一个地方接受中央的统一的度量衡制度，不是件容易的事情。除了“度量衡”，还有“权力的博弈”，中央和地方就是一个博弈的关系。“改土归流”“土司制度”都是一个个博弈的过程。这就是中国人常说的“上有政策，下有对策”的体现，每一个地方都有自己的一套办法。我国历朝历代都想清查人口、清查土地，因为这是国家赋税的来源，但是历朝历代都无法搞清楚，这就是中央与地方长久以来的博弈的结果。

---

① 费孝通. 费孝通文集：第 8 卷［M］. 北京：群言出版社，1999.

族群认同与国家认同的建立以及两者之间的关系涉及中华民族多元一体格局这个大认同的问题。怎样处理国家认同、民族认同这样一个关系，在历朝历代都是很重要的问题。

2. 着眼于当下，推动跨区域发展

费孝通当年提出民族走廊这一概念，直接的出发点就是想推动民族走廊地区的连片发展，如针对南岭走廊提出“瑶族经济协作区”，这是很智慧的思想，这就要求我们有更宽广的视野，看到区域之间的关联，推动跨区域的发展。但目前来看，这种以跨区域为视野的研究还不多，究其原因，有学者指出，研究者大多将民族走廊研究定位成“范畴论取向”的区域研究，即民族走廊是一个新的民族研究领域。以藏彝走廊为例，李绍明、石硕、李星星等学者先后就其生态地理、历史文化、族群关系等方面展开过研究。这些研究不仅范围广，而且具有相当的深度，但多数仍未摆脱传统区域研究的局限，实现对区域的跨越①。对此观点，笔者十分赞同。划定某个区域固然为研究提供了便利，但却与多民族跨区域分布和互动往来的格局不符，因此跳出个别区域的限制，以跨区域的目光进行应用研究，将有助于民族走廊地区的发展。

3. 国家视野下的民族走廊研究

近年来，国家对民族走廊地区的关注和扶持持续加强，这为我们开展民族走廊研究提供了良好的契机，我们应当把握机会，把我们的研究与国家在民族走廊地区的相关战略结合起来，一方面借助政策优势推进民族走廊的应用研究，另一方面也通过我们的研究为国家提供政策建议，双方之间构成有机促进。

在国家视野之下，最值得关注的是“一带一路”倡议。如前文所述，在近几年的国家发展战略中，将民族走廊最深刻卷入其中的，莫过于“一带一路”倡议了。从中我们可以看到，古代的商贸通道正在为今日中国的

① 曹大明. 论民族走廊研究中的三个问题［J］. 北方民族大学学报（哲学社会科学版），2011（4）：36-40.

对外贸易提供资源、赋予意义。今后国家必将对“一带一路”沿线地区加大扶持和开发力度，而这些地区很大程度上与我们的三大民族走廊是重合的。民族走廊地区若能抓住这个千载难逢的机遇，将会重振其经济、社会的发展。

除此之外，国家在民族走廊地区推行的生态保护战略、扶贫战略、文化遗产保护战略、城镇化战略、交通战略等对于南岭地区的发展来说同样重要，并且国家已经在南岭地区出台了多项政策措施以保障以上战略的顺利实施。以上战略一方面凸显了民族走廊地区在地理环境、自然资源、文化遗产以及经济发展等方面的优势和不足，另一方面也表明了国家对民族走廊地区发展的重视。就南岭民族走廊来说，在生态价值上，这里是珠江与长江的重要源头，赣、粤、湘、桂的重要生态屏障，山地森林生态系统和生物多样性保护地，具有极为重要的水文涵养功能。为此，国家林业局出台了《南岭山地森林及生物多样性生态功能区生态保护与建设规划（2013—2020年）》以扶持南岭的生态保护与发展事业。在扶贫方面，根据国务院扶贫开发领导小组办公室（简称国务院扶贫办）在2012年3月公布的《国家扶贫开发工作重点县名单》，全国一共有592个县（市）被划入，其中南岭民族走廊地区中广西3个县（市），湖南5个县（市），江西8个县（市），一共16个县（市），占到了全国的2.7%。除此之外，在国务院扶贫办2012年6月公布的《六盘山区等11个集中连片特殊困难地区分县名单》中，南岭民族走廊地区也占了19个县，包括了武陵山区中湖南2个县，滇桂黔石漠化地区广西2个县，罗霄山区江西11个县、湖南4个县。在2012年10月公布的《扶贫开发整村推进“十二五”规划》的贫困村名单中，这个地区一共有765个村寨被划入，占到全部3万个贫困村的2.55%。从以上数据可以看出，南岭民族走廊地区贫困县、村分布密集，贫困比例大，贫困发生率高。

尤其需要引起注意的是，三大走廊的核心区域现在都是贫困区域，历史上这些区域都是很富庶的地带，但是为什么在今天不复往日风采，这些变化是如何发生的，生活在这片区域中的人们经历了怎样的变迁，我们有责任通过深入的调查研究来一一解答以上疑问，进而推动这些在中国历史上曾做出过贡献、现在萧条凋敝的地带发展起来。

民族走廊发展面临的现实问题就是我们在今后的研究中需要更加关注的问题，这也是为国家和政府排忧解难。这就需要我们将国家在民族走廊地区实施的各项战略、政策结合起来看。例如，扶贫发展实际上伴随着城镇化和道路交通的开发，而在民族走廊地区，因为这里有着丰富多样的文化遗产及自然资源，所以又与旅游开发和文化遗产保护密切关联。各项战略、政策的推行给民族走廊地区带来了机遇，也使当地面临着生产生活方式转变可能带来的风险和困难。作为研究者，我们应当积极介入，帮助当地人将机遇最大化，风险最小化。与此同时，积极的调查实践也将为我们带来新的理论视野和学术增长点。总之，国家在民族走廊地区的战略布局是当前民族走廊研究应当把握的重要契机，对此我们应予以密切关注。

（二）研究队伍和研究方法

1. 研究队伍——跨界

除了学院内的研究者，我们发现，越来越多的本地知识分子、官员、商人等也加入了对本地文化的保护、发掘与开发之列，他们或者出于强烈的文化自觉，或者出于脱贫致富的现实目的乃至敏锐的市场嗅觉，不同的群体都聚集到民族走廊这一范畴之下。我们需要有意识地进行反思，警惕学院内研究者的话语霸权，更多地倾听本地人的声音。反过来说，本地人常常需要借助学者的知识权威来推动实现和合理化其意图与目标。我们需要多方加强对话，才能在当前的背景下，推动南岭走廊研究走向纵深。

因此，笔者主张，不同领域的研究者要加强合作，特别是“学院派”与地方研究者的合作。我们在南方地区的很多县都接触到非常多热爱地方文化的人，他们做了很多民俗研究，写了不少民间故事集，搜集了大量的契约文书等，对于地方的地理地貌、历史文化等特别清楚。例如，客家人编的祖先迁移史；有的瑶族老人有记日记的习惯，记了80多年记录了当地的事情。这都是很好的地方学者能提供而我们不擅长的东西，但是这些地方学者有一个很大的问题就是缺乏口述史所重视的“人、地、时”因素。

因此，我们需要思考“学院派”如何与地方学者合作，取长补短，从而取得更大的收获。

2. 研究方法——跨学科的田野调查

对民族走廊进行研究，其方法也要相应地跨学科。有学者将民族走廊解读为包含地理学和民族学两层含义①，而我们认为，民族走廊应涵盖的不止这两个层面，民族走廊的研究显然不是一门学科就能完成的任务，它允许也需要多个学科的互相借鉴和整合。正如有学者所指出的，从研究理论与研究方法上看，现有研究理论和方法相对单一，且以定性研究为主，缺少定量研究。由于民族走廊问题的研究对象涉及民族学、历史学、经济学、社会学、生态学、管理学等学科的内容，因此综合运用多学科的理论与方法展开研究是必要的，也是可行的。此外，还需借鉴现代计算工具和软件，加强量化研究②。考古学、人文地理学乃至生物学、农学等都可介入民族走廊的研究。

对民族走廊的研究在方法上应是定性和定量相结合的研究，利用现代自然科学的一些方法，如自然地理专业利用全球定位系统（GPS）技术可以获取卫星的资料。笔者计划在南岭走廊搜集形成历史文献数据库，以大的计算机系统分析以往的历史文献，可能会有新的收获。

民族走廊是一个历史形成的区域，因此展开实地考察即田野调查是我们开展研究的基础。在田野调查中，我们不仅要看到当前的社会现状，也需要具备历史的眼光，“开展广泛的社会历史调查，通过各种途径深入挖掘和收集各类资料，尤其是族谱、档案和口碑、图片资料等”③，这也是我们有必要重视的。

在这种跨学科的田野调查中，我们既要联系民族走廊在地理和行政区

---

① 李勇军，李双．南岭民族走廊研究的回顾与展望［J］．广西师范学院学报（哲学社会科学版），2016（9）：67-73.

② 陈炜，许莹．近十年来中国民族走廊有关问题研究述评［J］．阿坝师范高等专科学校学报，2011，28（4）：10-14.

③ 陈炜，许莹．近十年来中国民族走廊有关问题研究述评［J］．阿坝师范高等专科学校学报，2011，28（4）：10-14.

划上的意义，更要考虑其在文化象征上的意义。具体说来，我们还需要着手身份认同、宗教信仰、民间传说等方面的调查，考察不同族群之间对边界的认知、族群的历史记忆以及官方和民间对作为文化分界的民族走廊的表述，从整体上理解作为文化象征意义的民族走廊的形成和发展过程。

（三）研究展望

1. 促进历史与现实的衔接，构建走廊文化经济带

民族走廊研究不仅是历史和现实的衔接，还要充分与当前国家政策衔接，比如将古道经济带重建和扶贫战略、发展战略结合起来，构建走廊文化经济带，如建立“唐蕃古道”经济带。这是打破民族区划，促进经济发展的一种路径。另外，文化创新的经济带，也许可以成为一个创新点，把文化和经济发展联系起来，把扶贫和文化保存结合起来，效果会更好。

2. 加强部分与整体的结合

我们应加深西部与东部、南部、北部的理解和对话，把各个走廊联系起来研究，而不是孤立地去做研究，应更深刻地去理解民族格局的形成和发展。

3. 探索发展多样性、维护文化多样性

关于文化遗产的保护，在2006年，联合国教科文组织就发表过一个声明——《论文化多样性的声明》，其中提出文化的多样性与生物的多样性同等重要。生物的多样性是保证我们这个地球上的物种不灭绝的最重要途径；同样，文化的多样性也是使我们这个地球上文化能够不断延续生存下去的一个重要的东西。我们国家历史上这么多文化能够共存下来，是非常不容易的。现在我们对于非物质文化遗产的申报，基本上还是以单一族群为单位、以行政区划为单位，一直难以打破这种模式，演变成哪个地方政府比较积极主动，哪个地区就申请得越多，得的项目也就越多。但是，许多民族是跨地区的，假设每个地区都申请一次，就会破坏族群文化的整体性。笔者建议几个省（自治区、直辖市）联合申请，这就需要探索跨行政区域、跨族群文化的申请方式。

在我们这样一个多文化、多族群的地方，从共同性的角度去加以保护会更好。例如，撒拉族便处在一个多语环境中，撒拉族人讲撒拉语、藏语、汉语，甚至其他语言，如果孤立地去要求保存撒拉语，可能反而不利于撒拉语的保护，但是鼓励多语，撒拉族可能会与周边民族更好地互动，出现更多的人懂得人口较少民族语言的情形。又如满族，现在大多数满族人都不懂满文，现在整理满文档案的人大部分都是锡伯族人，这便是鼓励人口较少民族多语的好处——可以促进多元文化的保护。

四、结语：打通各大走廊，连接“一带一路”

费孝通提出民族走廊研究要突破行政区域，打破单一学科和单一民族的界限，笔者对此很是赞同。例如，在河湟地区，想要讲述它的历史和族群互动，就与甘青地区、川北地区是分不开的，孤立的研究不可取。费孝通曾就中华民族一体格局形成与发展进行了阐述，涉及地理、历史等 7 个要素，这 7 个要素可以成为我们研究民族走廊的切入点。由于时代的局限性，费孝通较多讲的是“一体”是如何形成的，并没有讲“多元”是如何形成的。我们若想在理论上实现突破，就应该解释如此多元的民族是怎样形成的，而民族走廊地区恰恰提供了进行此类研究的来源。结合“一带一路”的形成，我们已经能够看到它的整体情况，但具体的形成过程是不清楚的。而古道与古道之间是如何连接起来的？古道的连接如何形成了民族走廊？这些都是值得我们去进一步思考的问题。

此外，我们还可以将民族走廊研究延伸到海外，如藏彝走廊的研究便可跨国界，将西藏、印度、尼泊尔等地视为一个藏族和印度文明的走廊。藏彝走廊位于丝绸之路的南路，连接了诸多文明和文化，只谈某一个民族的走廊是不合适的。又如，历史上蒙古族中存在佛教流传的现象，佛教在这里变得颇有意思：蒙古人原本是征服者，每一个部落的宗教都是不一样的，后来他们在凉州（今武威一带）决定统一宗教信仰，接受了藏传佛教，没有用自己的宗教统一蒙古帝国，反而接受了被征服者的宗教，这是非常值得研究的。这启发我们要从大的历史背景着眼，古道形成与文化的互动是联系在一起的。

今天，“一带一路”倡议是中国文化向外传播的倡议。文化传播也为我们进行民族走廊研究提供了大方向。

周大鸣

2019年10月

（周大鸣，男，湖南湘潭人，博士，中山大学社会学与人类学学院教授，博士生导师，中山大学移民与族群研究中心主任，主要从事族群与区域文化、都市人类学等研究）

目　录

第二篇 实证篇

导 论

南岭走廊是我国古代中原文化与岭南多元文化的交汇区，是费孝通先生在长期历史文化调查基础上提出的三大民族走廊之一。1981 年 12 月，在中央民族研究所座谈会上，费孝通首次提出“南岭走廊”一词，此后又多次对此进行了补充阐释。与其他两大走廊不同的是，南岭走廊的提出主要是想解决瑶族等南方少数民族的历史形成、社会发展问题，是费孝通“中华民族多元一体格局”理论的重要支撑部分，具有重大的理论价值和研究意义。费孝通从民族迁徙、民族形成、民族融合的角度提出“走廊”概念，没有对“南岭走廊”的范围和具体研究内容进行详细的阐释，因此后来学者有了进一步探讨的空间。

学术界对南岭走廊研究有不同的范围界限。有以民族迁移为视角的，其研究范围西起云贵高原接南岭山脉后东延到闽浙沿海，南至南海甚至东南亚诸国（麻国庆，2013）；有把南岭走廊与地理学意义上的五岭对接的（吴忠军，2014）。

费孝通先生提出南岭走廊学说的初衷是解决瑶族、苗族等南方山地民族的社会经济发展问题。如今距离南岭走廊学说的提出已经 30 多年了，从纵向上比，该地区经济社会发展已经取得了翻天覆地的变化，但从横向上与发达地区相比、与兄弟民族相比，还相对落后。因此，加快南岭走廊地区发展步伐，提升发展质量是新时期南岭走廊各级干部群众义不容辞的责任。

南岭走廊地区自隋唐以来就是瑶族的聚集中心和主要活动地区，该区域居住的瑶族人口占全国瑶族人口2/3以上，全国的瑶族自治县基本上分布在该区域，瑶族文化资源尤其丰富。南岭地区瑶族支系主要有盘瑶、平地瑶、排瑶。

瑶族是一个古老的南方民族。据学界考证，瑶族与苗族、畲族同源，他们的共同始祖是与炎帝、黄帝逐鹿中原的蚩尤。蚩尤率领的九黎部落因战败而被迫向南迁移，在江汉、江淮、洞庭彭蠡之间形成盛极一时的“三苗”国。历代封建王朝在“非我族类，其心必异”思想的支配下，不断分化瑶族族群，不断打压瑶族的生存空间，致使瑶族一再沿着南岭走廊向“太阳升起的地方”迁移，直至到了湖南、广东、广西交界的南岭山区，凭借自然天险才勉强存活下来。大约在明清之际，少数瑶族人民沿着山岭迁移到越南、老挝、缅甸、泰国，从而成为一个跨国民族。

古老的民族与悠久的文化相辅相成。瑶族在与社会和自然环境相抗争中产生了自己独特的文化，文化不仅是瑶族的精神食粮，更是他们适应社会、融于环境的手段，战胜自我与社会环境的工具。历代王朝的文献里都有关于瑶族文化的零星记录，内容涉及民族起源、历史过程中的迁徙、物产与民风、社会生活与文化。这些记述多为辑录，虽有一定的价值，但还不是真正意义上的学术研究成果。

对瑶族的调查与研究开始于20世纪初，如王建民先生所言，现代意义上的民族学，是研究各民族群体文化的社会科学学科，起源于西方，中国的现代民族学最初也是从西方传入的。

回顾瑶族研究的学术史脉络，我们可以发现，人类学、民族学传入中国后，瑶族是最早引起受过系统训练的学者注意的民族之一。人类学、民族学学科史上，学者研究瑶族是从广西和广东的瑶族开始的。

1928年，民国政府中央研究院社会科学研究所的颜复礼、商承祖到广西凌云县调查瑶族，将他们的调查成果《广西凌云瑶人调查报告》于1929

年发表在民国政府中央研究院社会科学研究所专刊上。该报告内容包括红头瑶、蓝靛瑶、盘古瑶和长发瑶四个支系，涉及始祖来源、社会环境、宗教信仰、生产生活实践、婚姻和亲属制度等，这是国内最早的瑶族民族志之一。

1935 年，徐益棠教授从法国留学回来不久，利用到广西南宁参加六个团体年会的机会，进入广西象平瑶族居住区域进行实地调查，调查范围涉及茶山瑶、花篮瑶、坳瑶、板瑶、山子瑶，调查形成的成果有《广西象平间瑶民之宗教及其宗教的文献》《广西象平间瑶民之村落》《广西象平间瑶民之占卜符咒与禁忌》《广西象平间瑶民之法律》《广西象平间瑶民之饮食起居》等，内容涉及象平瑶族的村落分布、社会组织、人口状况、人员构成和日常饮食。

对瑶族研究引起学术界最大关注、起先锋之作用的是费孝通及其妻子王同惠在大瑶山的调查研究。费孝通从燕京大学毕业后，获得了公费留学英国的资格。1935 年 10 月，费孝通受导师的安排，在出国前到大瑶山对当地瑶族进行体质测量，其新婚妻子王同惠则在花篮瑶、坳瑶地区进行社会组织调查。1935 年 12 月，他们在转移调查区域时，由于迷路造成费孝通误入陷阱受伤，王同惠出林寻救，不慎遇难，成为中国民族学界在田野调查中遇难的第一人。费孝通根据王同惠的遗稿，含泪编写完成了《花篮瑶社会组织》一书。全书分家庭、亲属、村落、民族关系四个部分共计六章，对花篮瑶的亲属制度、婚姻关系、文化习俗、社会结构、族群互动、宗教信仰等进行了详细介绍。该著作材料翔实、语言简练生动，成为瑶族研究的经典著作之一。大瑶山留给费孝通的不仅是身体的苦难和沉重的记忆，还有一份难以割舍的民族感情，尤其是对瑶族发展的深情。费孝通一生六上大瑶山，他的学术生涯是从大瑶山研究开始的，他的诸多在学术界引起极大反响的学术成果都可以从他在大瑶山的研究中找到原型。费孝通不仅身体力行地开展瑶族研究，而且谆谆教导自己的学生对大瑶山进行不间断的研究。一批又一批的学者深入大瑶山的每一个角落，从各个层面、多个角度开展瑶族研究，这种风气至今未衰。

或许是受地理位置的影响，对广东粤北瑶族的研究肇始于中山大学的师生。1928—1937 年，中山大学不同学科的师生四次对粤北瑶族进行了调查。其中又以 1936 年杨成志教授带队的北江瑶人考察团所做的民族学调查收获最为丰厚。杨成志教授带领文科研究所的研究生王兴瑞、江应樑以及文学院史学系的学生罗比宁、李秋云、刘伟民等人组成北江瑶族考察团，对北江瑶族（主要是曲江、乳源、乐昌等地的瑶族）进行深入的考察，考察内容涉及瑶族历史、宗教信仰、经济生活、社会文化等。

中山大学对瑶族的研究传统被人类学系的师生自觉传承了下来。中山大学师生对瑶族研究的脚步始终没有停止。黄淑娉、杨鹤书、周大鸣等一批著名学者对瑶族研究始终用力甚勤，成果丰富。中山大学民族学、人类学专业的博士研究生中几乎每两年就有一个自觉以瑶族研究作为博士论文选题的。

相对于广西瑶族和广东瑶族研究的繁荣，湖南的瑶族研究则要沉寂很多，这与湖南作为瑶族主要集聚区的地位是不相称的。1956 年开始，中央访问团深入湖南瑶山，就民族语言、民族社会历史与民族民间文学做了几次大规模的社会调查。其标志性成果就是《湖南瑶族社会历史调查》的出版。该书由湖南瑶族社会历史调查、江华瑶族自治县瑶族社会历史调查以及江华瑶族自治县濠江乡荆竹园村调查三部分组成，对湖南瑶族的风俗习惯与文化、瑶民起义以及中华人民共和国成立前后瑶族的社会经济结构和政治制度做了详细调查，为后人留下了一批宝贵资料。改革开放以后，湖南的一批瑶族本土学者成长了起来，极大地推动了湖南瑶族研究向纵深发展。李本高对“过山榜”的研究，郑德宏对“盘王大歌”的收集整理，杨仁里对“江永民瑶”的研究，李祥红、郑艳琼对“奏铛”的田野调查，都取得了标志性的成果。

瑶族百年学术研究史，可谓百花齐放、百家争鸣，硕果累累。2013 年 3 月，南方某著名学府一位老教授曾经说："不管是谁，在做瑶族研究之前要谨慎，要有勇气，毕竟做的人太多了，很难再有空间。"老先生的提醒，不无道理，一个在学术史上被聚焦了百年的民族，其社会文化制度早已被反复研究，除非有新材料发现，否则难以出新见彩，学术价值难免打折。虽然如此，我们还是对瑶族研究注入了激情，近年来一直行走在南岭走廊瑶族村寨，在田野中思考瑶族的历史文化。瑶族村寨的和谐可持续发展动力引起了我们的关注。瑶族虽然处于经济发展边缘，却能保持和谐发展，幸福指数高，背后的因素是什么？我们从瑶族社会治理的维度，对此问题进行了回答。传统瑶族治理的核心制度是"瑶老制"，瑶老们治理乡村的理念是保持平衡，包括人与人之间的平衡、人与社会的平衡、人与自然的平衡。我们结合瑶族的民间文献，如过山榜文、手抄本文书、契约、碑刻、族谱等对瑶族传统治理智慧进行了思考。

城镇化背景下，瑶族村寨的社会主要矛盾发生了变化，社会结构、人口结构、产业结构都出现了不同于过去的"新质"，这为瑶族研究提供学术增长点的同时也带来了挑战。学术研究理应回应社会需求。特色村镇建设如火如荼开展的形势下，瑶族的茶文化特色村镇建设何以可能？我们选择湘粤古道上的瑶族茶文化特色村寨——旱塘村进行了微观考察，在总结经验的基础上，针对存在的问题提出了我们的思考。产业融合发展是乡村振兴的动力。瑶族村寨需要什么样的产业？如何与农民平等合作实现产业融合与发展？产业发展是否与传统文化要素有关？为此，我们选择瑶族典型村寨——跳石子瑶寨，进行了持续观察，获得了一些感性认知，形成了自己的看法。马克斯·韦伯在《新教伦理与资本主义精神》一书中，认为社会发展的最终动力是文化。少数民族特色村寨的建设，无疑是想从传统文化保护传承的角度，助力乡村振兴。特色村寨建设是否实现了政策设计者的初衷，对此我们运用质性研究的方法开展了调研。没有劳动力的充分就业是否就没有贫困村寨的可持续脱贫？职业教育如何与精准脱贫有机结合？就长期关注扶贫问题的我们来说，这自然是一个关注点。在关注村寨发展的同时，我们还选择江华瑶族自治县这个典型的瑶族区域就其绿色发展经验开展了调研。

如前所述，对南岭民族走廊进行研究非常具有理论价值和实践意义，然而本领域的研究目前还缺乏一批有志于南岭走廊研究的中坚力量，缺乏一批专门研究南岭走廊的研究机构，更缺乏一个有效对话交流的平台。

南岭走廊是多民族居住区，因此把瑶族村寨发展与治理研究置于区域发展脉络中，从区域看中国，村寨研究的价值才会被凸显。作为南岭走廊核心区域的地方性高校，我们应跳出单一民族研究的局限，面向区域研究，在区域研究中寻找学术支撑点。构建学术对话平台，在主题调研过程中，我们尤其注重学术对话，在对话中顿悟。一方面，在团队内部，我们不断交流、碰撞、交锋；另一方面，在田野调查中，我们持续与地方知识分子针对某一主题展开对话，开启混沌之门。此外，我们还争取机会与南岭走廊区域内高校的研究机构进行对话，汲取研究营养。

第一篇　理论篇

第一章　21世纪初瑶族研究的回顾与展望

瑶族主要分布在广西、湖南、广东、云南以及东南亚的越南、老挝、缅甸，乃至法国和美国，是一个国际性的民族。早在20世纪20年代，我国早期的人类学家，如费孝通、杨成志、梁钊滔、江应樑等人，就开始了对广西、广东的瑶族进行调查研究。研究者们希望通过对边疆民族的调查研究，从而为解决中国边疆危机，建构民族国家提供话语支持。中华人民共和国成立初期，为巩固新生的民主政权，国家将边疆民族地区纳入统一的国家政治体系之内，围绕民族识别展开了民族调查。20世纪80年代人类学、社会学复办以来，到20世纪末期，是瑶族研究的黄金时间，在瑶族宗教研究中，民间文献资料整理方面取得了许多重大研究成果，为后继学者的进一步研究打下了坚实基础。

21世纪的人文社会科学，多学科交融，不同学科的研究方法互相借用，在此背景下，人文社会科学进入了丰盛期，瑶族研究也不例外。笔者着重以最近十年瑶族研究现状为基础，回顾21世纪初期（2002—2012年）瑶族研究的主要成果，并对今后的瑶族研究前景进行展望。本书分析的材料一是发表在“中文社会科学引文索引”（CSSCI）来源期刊上以瑶族研究为主题的文章；二是中山大学图书馆馆藏的瑶族研究著作；三是现有条件下中国知网上能查到的与瑶族研究有关的中文博士论文。材料内容涉及文史哲、法律、经济、旅游等几乎所有人文学科。本书选择学者关注度比较高的瑶族宗教、教育、变迁与发展、瑶族的国际化研究为主题，对十年来的瑶族主要研究成果进行概述性回顾。

第一节 地方志的再版

中华人民共和国成立后，党和政府高度重视民族问题和民族工作。为摸清少数民族的社会历史状况，挖掘抢救行将消失的少数民族文化遗产，20 世纪 50 年代初，全国人大民族委员会和中华人民共和国国家民族事务委员会对包括瑶族在内的少数民族聚居区进行了全国性的民族识别工作；1956 年又就少数民族语言、少数民族社会历史进行调查，并取得了一批成果。由于历史的原因，直到 20 世纪 80 年代中期这些调查资料才开始出版。受当时历史条件的限制，这些调查资料或多或少都存在一些缺陷。2007 年，本着“适当修订，适量续修”的原则，这些资料中明显错误的内容、观点、表述得以更正，中华人民共和国成立以来特别是改革开放以来民族发展事实予以补充。在此背景下《湖南瑶族社会历史调查》《广西瑶族社会历史调查》《云南苗族瑶族社会历史调查》《连南瑶族自治县瑶族社会历史调查》《瑶族〈过山榜〉选编》《瑶族简史》等一批瑶族历史资料得以重新出版，为学者们研究瑶族、关注瑶族提供了极有价值的学术线索和宝贵的文献资料。

湘粤桂三省区交界的南岭走廊山区，是全国瑶族最集中、最主要的居住区，这一区域有 8 个瑶族自治县。国家为促进民族自治区域的发展，在政策、资金、项目等诸多方面都有倾斜。因此，民族自治县成了一个政治、经济乃至文化的资本符号。各瑶族自治县为了突出自己的特色，推介独特的文化历史，借以搭建经济发展平台，都出版了反映自己的概况的著作，如《湖南江华瑶族自治县概况》《广东连南瑶族自治县概况》《广西富川瑶族自治县概况》《广西金秀瑶族自治县概况》《云南金平苗族瑶族傣族自治县概况》《广东连山壮族瑶族自治县概况》《云南河口瑶族自治县概况》《广西都安瑶族自治县概况》《广西恭城瑶族自治县概况》《广西大化瑶族自治县概况》等。这些瑶族自治县的概况大多是在现状调查基础上写就的，内容涉及各县的历史、文化、政治、经济，侧重于独特文化资源的介绍。这些宣传性的读物给研究瑶族的学者提供了了解瑶区社区的信息窗口。此外，少数文化特征鲜明的瑶族支系也受到了关注，如粟卫宏等人编著的《红瑶历史与文化》一书，按照县志的撰写模式，系统介绍了广西龙胜各族自治县以及兴安县和融水县等的红瑶历史文化。

《瑶族通史》是在《瑶族简史》基础上拓展、集全国瑶族学者智慧而成的著作。该著作 1999 年开始筹划，2001 年开始撰写，2007 年出版，编写工作历时 7 年。该著作综合采用历史学、民族学、人类学的理论方法，在原来的基础上有新的、重大的突破。其中主要的突破莫过于从瑶族本土的主位视野对瑶族的历史做了重新划分，并打破国际界限，把定居国外的瑶族作为一个整体进行研究。

第二节　瑶族宗教研究

瑶族宗教是学者们最为关注的一个主题，瑶族学者张有隽教授在瑶族宗教方面用力甚多，成果也最为丰富。法国学者、首届国际瑶学会主席雅克·勒穆瓦纳对瑶族神像的研究取得了标志性的成果。瑶族宗教研究成果主要体现在以下几个方面：

一、瑶族经典的整理与研究

张荻晖研究员在广东连南排瑶地区做调查时，收集到了 72 本瑶族师公用的经书（简称瑶经），他根据瑶经的内容、功用将其分为歌堂经、灭火经、看病经、求雨经等24类，涉及物质文化和精神生活[①]。由于历史上瑶族被迫跨境迁徙，诸多瑶经随着瑶族的海外迁徙流失到了国外。美国、法国、荷兰、德国等国图书馆都有不少瑶族经书。2010年3~9月，郭武教授利用在英国牛津大学中国研究所访问的机会，在该校伯德雷恩图书馆发现了近30册清代及民国时期流传于云南、广西以及东南亚地区鲜为人知的瑶族文献手抄本，其中大部分是道教经卷。经过细致的甄别后，他对这些经书进行了分类。“在这批文献中，一些文本还流露出浓厚的巫术痕迹，显示出瑶族的宗教信仰乃是道教与巫术相混”[②]。

二、瑶族宗教属性的研究

大多数瑶族研究者认为，瑶族宗教就是道教，基本上把瑶族的宗教等同于道教。徐祖祥博士在文献回顾与梳理的基础上，凭借着扎实的田野调查基础，对云南的瑶族宗教进行了学术反思。他首先把瑶族宗教定义为瑶传道教，认为瑶族的宗教有两个趋势，一个是道教的瑶族化，另一个是瑶族的道教化，也就是说瑶族对道教并非被动选择，而是存在一个主动选择与适应的过程。瑶族宗教中，除去道教元素外，还受到了佛教和儒教的影响。佛教的菩萨和儒家的圣贤有不少进入了瑶传道教的神灵系统之中，佛教的轮回转世、地狱说、因果报应等思想也存在于瑶传道教的观念形态之中，而儒家以“忠孝”为核心的伦理对瑶传道教的宗教伦理产生了较大的影响。瑶传道教中的佛教和儒家因素主要是从汉族道教中带入的附属物[③]。徐祖祥的瑶传道教主张获得了积极的学术反响，逐步为瑶族研究学者所接受。

---

① 张萩晖. 排瑶经书浅析［J］. 黑龙江民族丛刊，2004（2）：104-107.

② 郭武. 牛津大学图书馆藏瑶族道经考述［J］. 文献季刊，2012（4）：140-148.

③ 徐祖祥. 论过山瑶道教的科仪来源和教义特点［J］. 贵州民族研究，2003（2）：151-156.

三、瑶族巫师的研究

瑶族宗教的主体是巫师，有的地方叫道公、师公，也有叫法师的，就社会管理来说，他们还有一个特殊的身份——“寨老”。他们既是普通的瑶民，参加瑶族的生产生活，没有特殊的待遇，又是一个特殊的群体，在社会组织、宗教祭祀、村民自治、乡村管理方面弥补了政府权力延伸不到的遗憾。他们在瑶族人民生老病死中具有重要的作用，因而在瑶寨中具有极高的权威。王建新教授以云南阿科瑶寨为个案，从生态人文环境、家族制度、宗教实践以及村庙祭祀等几个维度为我们描绘了一幅寨老权威的建构图①。瑶族巫师的权利是以往瑶族研究者较为薄弱的一个领域。罗宗志博士借鉴布尔迪厄、福柯等西方学者的权利理论，从权利的视角切入，就盘瑶巫师权利的获取、保持、运作以及与国家权利之间的互动进行了民族志研究。他认为，巫师的权利是建立在传统信仰和个人能力基础之上的，与大瑶山封闭的生态环境、厚重的人文历史密切相关。由于巫师“对于疾病之事、灾异之事、生育之事等都能以一套特殊的巫术替人祈福解祸，满足了瑶族社会却祸纳福的信仰需求”②，因而巫师在瑶族的传统社会中具有很强的权威性，在现实生活中也有很大的影响。瑶族女性是否有自己的信仰空间和信仰对象，这是一个长期以来被瑶族研究者忽视的问题域。刘秀丽博士在其博士论文里，从社会性别视野出发，对江永的四大民瑶进行了田野调查，调查结果发现四大民瑶也有自己的女性信仰空间。

四、宗教信仰仪式的研究

仪式是宗教教义、教规的具象化和表演化，瑶族宗教信仰中的仪式很多，如国家级非物质文化遗产“还盘王愿”等，除了这几个跟瑶族道教紧

---

① 王建新. 阿科瑶寨的家族、宗教与寨老：权威的传统建构［J］. 思想战线，2010（5）：24-29.

② 罗宗志. 信仰的无形之手——大瑶山盘瑶巫师群体权力研究［D］. 广州：中山大学，2009.

密联系的仪式外，民间信仰中的“做社”仪式也颇受学者们关注。“做社”也就是“祭社”，高其才教授从文化变迁的角度对“做社”仪式进行了描述。他认为，“做社”是大瑶山瑶族在农业发展到一定水平后，主动采纳汉文化的结果，既是一种民间宗教仪式，与此同时也是宣讲习惯法的一种方式。金秀大瑶山瑶族“做社”活动在20世纪50年代停止，在20世纪80年代末又重新恢复。对于传统文化的消失与复兴，高其才持一种淡然的态度：“现代化虽可能影响瑶族习惯法的发展，有诸多可能致使其衰落、消亡的因素，但也存在推动其生长的内在基础和外在力量。”①

瑶族男子尤其是过山瑶族几乎都参与“挂灯”和“度戒”活动。“度戒”又称为度身、度法、过法等，是瑶族青年男子必经的宗教仪式，在瑶族宗教中颇具特色。国内外研究瑶族宗教的论著，几乎都要谈到瑶族的“度戒”。张择洪教授从比较视野出发就瑶族的“度戒”与道教的“授箓”进行比较后，认为“度戒”受“授箓”影响甚深。他提出，瑶族的“度戒”源于道教的“授箓”仪式。但与道教“授箓”不同的是，瑶族“度戒”具有成年礼的文化意义，这就是道教文化在瑶族社会传播过程中发生的衍变。

“挂灯”也是瑶族宗教中一个常见的仪式。“挂灯”的多少、挂什么灯决定了一个瑶族男子拥有多大的“法术”，能在多大程度上为瑶族民众驱瘟除疾、祛灾纳福。徐祖祥教授认为挂灯仪式“与道教北斗七星信仰有直接的渊源关系，并受到了道教设灯仪祭拜北斗七星和授箓的影响”②。

第三节　瑶族的国际化研究

瑶族是一个较早受到西方学者关注的南方少数民族，早在19世纪末就

① 高其才．现代化进程中的瑶族“做社”活动——以广西金秀郎庞为例［J］．民族研究，2007（2）：38-47.

② 徐祖祥．瑶族挂灯与道教北斗七星信仰［J］．云南民族大学学报（哲学社会科学版），2006（3）：102-107.

有西方传教士、探险家进入云南、贵州等地以及越南北部地区就瑶族语言、体质、习俗等进行调查研究。20世纪50年代后，以法国和日本为主的瑶学研究者汇集到东南亚的瑶族地区进行调查研究，其中日本白鸟芳郎的《东南亚山地民族志》、竹村卓二的《瑶族的历史和文化——华南、东南亚山地民族的社会人类学研究》，法国雅克·勒穆瓦纳的《瑶族神像研究》是比较有影响的成果。

由于我国对外开放程度的加深，一批对中国文化兴趣浓厚的日韩学者开始调查我国国内瑶族社区。他们的足迹遍及广西、湖南的瑶族社区，内容涉及瑶族社会结构、历史文化、神话传说、民俗仪式。2008年以来，日本广田律子教授带领一批神奈川大学瑶族文化研究所的学者在湖南省文联及蓝山县乡土知识分子的配合下，从宗教、历史以及文献研究的视野对湖南省永州市蓝山县瑶传道教之“度戒”“还家愿”等仪式进行了长期、全面、深入的田野调查，并以蓝山县汇源瑶族乡的“度戒”仪式实践为基础，编印了《中国湖南省蓝山县瑶族礼仪文献考察报告（一）》，召开了两届瑶族文化论坛，出版了两期《瑶族文化研究所通讯》①。

除日本学者对我国国内瑶族进行研究外，韩国学者也开始利用到我国旅游和访学的机会调研瑶族。其重点研究对象是国际旅游城市广西桂林周边的红瑶。

其中，开风气之先的是韩国中央大学民族民俗学系的金仁喜博士。早在1988年，她在中国中央民族大学留学期间，就把北京师范大学陈子艾教授的瑶族研究论文《隆回虎形山花瑶的信仰文化特征》翻译成韩文，向韩国学者介绍。此后，她在韩国学术振兴财团的支持下，根据自己的田野调查资料整理出版了《白裤瑶族的社会与信仰》。在该著作中，她运用跨文化比较法将高句丽文化与南丹白裤瑶之传统文化进行类比，力求解释这两

① 第一届2009年8月6日在湖南长沙召开；第二届2010年11月23日在日本横滨召开。这两期《瑶族文化研究所通讯》分别于2009年3月29日和2010年7月29日出版。

者文化之间存在相似性的原因。瑶族服饰也是韩国学者关注的一个热点，主要文章有韩国国立民俗博物馆研究员金荣在的论文《红瑶女性婚礼服研究》，韩国民俗研究院金希善研究员的调查报告《黑色的长发，高山峻岭的守护神》。瑶族的神话，尤其是创世神话吸引了不少韩国学者的注意力。韩国暻圆大学徐裕源教授的著作《中国民族创世神故事》以及研究中国神话的著名专家韩国延世大学金善子教授的代表性著作《中国少数民族神话纪行》介绍了布努瑶的密洛陀神话和达努节。金善子教授对瑶族社会的研究带有理想色彩，在他看来，瑶族社会之所以传统保留比较好的原因在于在一定层面上受到瑶族神话和传统节日文化法则的影响。其对瑶族文化传统中遗留的敬老思想，社会控制与稳定调节所呈现的地方性知识高度赞叹。在他看来，瑶族的传统文化是人类文明的活化石和医治当代文明城市病的良方，因而他对瑶族的传统文化表示了由衷的赞美。

除海外学者对中国瑶族进行研究外，中国学者也对越南、泰国等东南亚国家的瑶族进行了研究，甚至把调查研究的触角延伸到美国瑶族社区。广西瑶学会依托广西民族大学自治区级人文社会科学重点研究基地——广西民族大学瑶学研究中心的力量，充分发挥毗邻东南亚国家的地理优势，与这些国家的瑶族研究学者开展了友好而又密切的合作，尝试开展海外瑶族的田野民族志研究。2009 年，广西民族大学与越南社会科学院社会学研究所、越南老街省文化体育旅游厅一起共同主办了“中越跨境瑶族经济与文化交流国际学术研讨会”。大会论文集《跨境瑶族研究——中越跨境瑶族经济与文化交流国际学术研讨会论文集》涉及了瑶族的历史、族源、变迁以及服饰和文化习俗等研究主题。

部分瑶族人从封闭农耕的山地社区迁徙到现代文明高度发达的欧美国家后，其自身固有的传统文化发生了怎样的变迁，是融入主流社会而销声匿迹，还是在保持民族文化独特性的同时悄然发生改变？这是国内瑶族学者关注的一个焦点。带着这样的疑问，广西民族大学瑶学研究中心主任玉时阶教授利用美国瑶族同胞邀请访美之际着重调查了美国瑶族的社会组织变迁。“瑶族从老挝、泰国移民到美国时，曾将以血缘或地域关系为纽带的寨老组织带到了美国，并在初期发挥过一定的社会作用。随着瑶族人在美国的定居和发展，在西方经济、文化生活的影响下，原有的寨老组织的作用逐渐减弱，取而代之的是各类瑶族组织。美国瑶族社会组织是美国瑶族人自发组织的、公益性的民间社会团体。”① 玉时阶教授在调研中发现，瑶族定居美国后，其社会组织随着社会环境和生计模式的变化而出现了新的特质。他们对本民族的文化认同先后顺序也发生了改变，即先认同所在地的国家文化，再认同本民族的文化。这也是经济基础决定上层建筑、意识形态反作用于经济基础以及意识形态具有相对独立性的表现方式。

第四节　瑶族的教育研究

一、瑶族教育历史的回顾

玉时阶教授在《龙胜红瑶历史及教育发展》《明清时期瑶族地区的学校教育》等文章中对瑶族的教育历史做了简单的回顾。由于瑶族的迁徙性和游耕性，其文化教育主要依靠家庭和各种宗教仪式，真正的学校教育开始于明清时期。随着中央王朝政治势力不断向瑶族渗透，明清王朝统治者除军事上压制、政治上控制外，还在文化上对瑶族进行教化，以达到由“生瑶”变“熟瑶”之目的，加上瑶族地区社会经济的发展，民族融合的加快，文化交往的频繁，瑶族地区的教育事业有了一定的发展。

二、瑶族教育落后的原因

在《土瑶学校教育的现状分析与应对策略》一文中，韦祖庆、李绍壮

---

① 玉时阶. 美国瑶族社会组织研究［J］. 世界民族，2003（5）：53-56.

以土瑶为个案，认为土瑶教育的现状是基础设施差，师资力量明显低下，入学率低，辍学率高，教学成效差；整体上教育水平偏低，尤其是妇女儿童受教育的机会少，学童成绩偏低。尽管选取的是土瑶个案，但对处于边缘地区的瑶族基础教育来说，仍具有普遍意义。究其原因，学者一般都归咎于瑶族本身的先天性原因，即不注重学校教育，或者将民族教育发展滞后的最终原因归因于经济的落后。玉时阶、胡牧君在《公平与和谐：瑶族教育研究》一书中认为，瑶族地区的教育水平低于全国平均水平和瑶族地区的自然生态环境、社会生态环境和文化生态环境有一定的关系。

袁同凯博士对广西贺州的土瑶学校教育抱有极大的热忱，在土瑶地区进行了长时间的田野调查，他发现类似于土瑶这样的边远山区少数民族的学校教育问题，其实并不是少数民族自身的问题，教育落后的原因在于他们被主流社会和地方政府边缘化，甚至是因为受到歧视。在袁同凯博士看来，造成土瑶甚至整个边缘山区瑶族教育失语的原因主要有脱离瑶族社区教育实际的内容、主流文化的缺失、教学点的不合理布局以及经济贫困等。

三、发展瑶族教育的策略选择

瑶族教育面临的问题已成为制约瑶族地区社会经济发展的瓶颈，瑶族地区社会经济发展的落后从根本上来说是教育的落后、文化素质的落后。瑶族地区的社会经济要发展，教育必须先行。对于发展瑶族教育来说，不同的学者有各自的主张，袁同凯博士从地方社会和权利关系网络的复杂性建构出发，认为地方政府是改变瑶族教育落后的根本性力量，呼吁地方政府尤其是县、乡政府给予瑶族地区更多的支持，担当更多的责任。玉时阶教授从制度设计层面出发，认为“国家应更合理地配置教育资源，把有限的教育资源实现向民族地区倾斜”①。教师是教育的主体，教育的发展离不开教师队伍的建设。为此，“对瑶族地区这样欠发达地区的教师，更应实

① 玉时阶. 推进教育公平 和谐发展瑶族教育 [J]. 广西民族研究，2009 (2)：131-138.

行优惠政策，提高这些地区的教师待遇和地位，从而保证师资资源的均衡配置和稳定”①。

教育模式和评估标准往往制约着教育的发展质量和速度。然而教育模式和评估标准的制定者，通常都忽视了民族地区的人文社会环境，不够重视民族地区的地方性知识，寻求的是一种普适性模式。因此，从瑶族社区的实际出发，制定一套合乎瑶族传统文化和现实状况的，集灵活性、地方性于一体的运行机制和评估标准迫在眉睫。玉时阶、胡牧君在《公平与和谐：瑶族教育研究》一书中，对此进行了呼吁。

第五节　瑶族的变迁与发展研究

变迁是人类学研究的一个永恒的主题。当代中国的社会变迁是以追求社会经济和文化的现代化为目标取向的。近年来，围绕瑶族文化、社会、经济变迁和发展的研究成果很多，主要有《瑶族双寨——广西凌云县背陇瑶和蓝靛瑶的调查与研究》（周大鸣等）、《瑶族文化变迁》（玉时阶）、《盘村变迁》（郭维利等）、《大瑶山七十年变迁》（徐平等）、《瑶族村寨的生计转型与文化变迁》（秦红增）、《三水瑶区变迁的描述与探索：以改革开放前后为中心》（张振江）、《“落后”与发展——广西背陇瑶村寨的生计变迁研究》（杨建银）等。

一、瑶族文化的整体变迁

玉时阶在《瑶族文化变迁》中，从经济、文化、社会组织、婚姻、宗教等诸多方面对瑶族传统文化的变迁过程和呈现的形态做了学术性梳理。

《盘村变迁》是瑶族经典文献之一，作者通过对盘村的盘瑶社区进行微观研究，寻找盘村文化变迁的规律。该书既描述了作为社会组织的“石

① 玉时阶. 推进教育公平 和谐发展瑶族教育［J］. 广西民族研究，2009（2）：131-138.

牌制”的变迁，又对婚姻、亲属制度、教育、宗教等精神层面甚至产业结构等经济层面的变迁做了研究。作者在肯定盘村经济变迁带来可喜变化的同时，也对各种传统文化生存空间不断被挤压与消失表示了担忧，并给出了自己的答案。

二、瑶族社会经济的变迁

《三水瑶区变迁的描述与探索：以改革开放前后为中心》是“广东省改革开放30年广东农村村落变迁案例研究丛书”之一，其目的在于展现广东省改革开放30年来农村发生的巨大变化。该书作者在大量田野调查的基础上，以民族志的写法对三水瑶族30年来的成绩做了客观描述。该书以经济变迁为主线，兼论及婚姻家庭与村落、精神文化、教育以及绿色产业，力求在整体上勾勒连山三水瑶族的巨大变迁。

《三水瑶区变迁的描述与探索：以改革开放前后为中心》选取的是改革开放以来的瑶族社会变迁，而《瑶族双寨——广西凌云县背陇瑶和蓝靛瑶的调查与研究》（周大鸣等），则把研究视野做了纵深推进，既有现状调查也有村史的史学钩沉。该书从纵横两个维度，展现了瑶族双寨近80年来的变迁历程。该书一个比较有价值的地方是对山地瑶族的扶贫与发展进行了反思。作者认为，瑶族山寨的贫困原因与恶劣的自然生态环境、闭塞的交通、严重匮乏的自然资源、低程度的文化教育以及保守的思想观念有一定联系。作者把思考的焦点对准了造成城乡二元结构和农村分割性现状的体制，并把造成瑶族山区贫困最终极的原因归因于瑶族的无意识文化秩序。

杨建银在《“落后”与发展——广西背陇瑶村寨的生计变迁研究》一文中从文化的维度思考造成瑶族山区贫困的本质原因。作者在文中以生计变迁为主线，以点带面，以生态人类学理论视野反观一个背陇瑶族村寨自中华人民共和国成立以来的社会生活变迁，目的在于反思发展者与文化持有者之间关系是对立的还是和谐的，主张在全球化视野下，提倡发展不能忽略文化持有者的立场。

三、瑶族社会变迁的动力

瑶族社区各方面都发生了巨大的变迁，这是客观存在的，但其变迁的动力是什么呢？覃锐钧、徐杰舜教授运用国家与地方权力理论对大瑶山发生的变迁进行研究后，得出的结论是：瑶族文化发生变迁的动力是不同文化的相互接触。《盘村变迁》的作者认为，盘村发生巨大变迁的原因在于政府对盘村社区进行的产业结构调整，为盘村找到了合适的产业以及外出务工人员不断增加带回来的资金流。杨小柳博士通过对广西凌云县一个背陇瑶寨的个案研究也得出了与此相近的结论，也认为外出务工是促使背陇瑶纳入现代发展主义范畴的主要动力之一，她认为务工在贫困少数民族地区发展过程中发挥了特殊作用①。

高其才的《瑶族习惯法》也是这段时间一部比较重要的瑶族研究著作。作者以 20 世纪 50 年代国家民委瑶族识别调查组收集的材料和自己的实地调查材料为主，结合具体的历史文化时空与语境探究瑶族习惯法的产生、发展过程。作者全面总结了瑶族社会组织、婚姻、家庭以及继承习惯法等具体内容，结合宗教因素对瑶族习惯法的实施、执行进行研究，并对瑶族习惯法的当代传承、现代化进程中的转变与国家制定法的关系提出了自己的认识和思考。

第六节　对今后瑶族研究的展望

21 世纪以来，瑶族研究尽管硕果累累，但也有一些遗憾之处，主要体

---

① 杨小柳．外出务工与少数民族贫困地区的社会变迁——以广西凌云县背陇瑶为个案［J］．贵州社会科学，2012（5）：113-119.

现在静态研究比较多。尽管各种调查报告屡有面世，但基本上是一些材料的累积或历史文献的累加，真正有意义的不多。未来的十年，多学科共同发展，研究方法互相借用是趋势，瑶族研究是一门综合性的人文学科，文化内涵十分丰富，仅靠某一门学科的理论与方法进行研究是不够的，必须打破学科孤立和地域封闭，创新研究方法，拓展研究空间，进行学科交叉合作，走多学科综合研究的方法，才能使瑶族研究在前人研究的基础上更进一层。

一、瑶族支系的研究有待突破

瑶族是在中华民族历史上逐步形成的一个民族，其来源多元化和复杂化、内部支系繁多、文化差异甚大，需要我们运用多维的视野、多学科的方法、扎实的田野调查，写出厚重而又独特的民族志。但事实上我们的瑶族研究忽视了差异性研究和个案研究，以整体研究替代个案研究的现象严重，论及瑶族研究就是盘瑶、排瑶、布努瑶、蓝靛瑶、白裤瑶等少数几个支系，对其他支系的研究有一种先天性的漠视。这几年广西的红瑶在旅游的推动下，逐步得到了人们的重视，逐渐为人民所知晓。《瑶族通史》中提及的四大瑶族之一的平地瑶族则很少有人提及。

二、瑶族区域文化研究有待加强

周大鸣教授认为，一个人类学者的成长要经过个案研究、区域研究以及泛文化研究三个阶段，才能走向成熟。其中的区域研究则是“跑步阶段”，一个人类学者如果不经过区域研究这个阶段的训练是难以成熟的。这些年尽管人类学界对广西大瑶山的研究一直热力不减，成果也很多，但除了大瑶山外，瑶族的居住区域还很多。1978 年后，费孝通先生首先想要做的事情有两个：一个是重返自己的故乡做研究，另一个是到大瑶山地区做研究。费孝通的瑶族研究的学术起点是大瑶山，但大瑶山并非瑶族研究的全部，为了全部、客观地研究瑶族，费孝通提出了“南岭走廊”的概念。南岭走廊研究也是区域研究的范畴，到目前为止受关注度还不够。

三、瑶族的现代化研究亟须重视

中华人民共和国成立以后瑶族人民拥有了自己的土地，从游耕走向了定居。21 世纪以来，受全球化影响，瑶族的现代化进程也开始加快，各种现代文明病也开始凸显。与国内广大农村一样，瑶族男女青年基本上也是以打工为主。这些瑶族青年流动到都市以后的文化适应以及带给瑶族村落的影响等都是亟待研究的课题。

第二章　南岭瑶族千户长制与社会控制

盘瑶支系之一的平地瑶聚居在南岭民族走廊湘南、粤北、桂东交界处的山脉丘陵、谷地间。其中，萌渚岭姑婆山北麓的湖南省江华县上伍堡三宿，即旦久宿、平岗宿、竹子尾宿，就是平地瑶最集中的聚居地之一。平地瑶自元末明初开始在此定居，迄今已有600多年的族群史，这在瑶族各支系中实属罕见。上伍堡瑶族构成复杂，来源多元。既有与千家峒十二姓瑶族一脉相承的奉唐李盘等姓，也有来自广东客家的族群，此外，民家人也不少，如“林家”“陈家”“车家”“钟家”等凡是称为“家”的瑶寨，其居民无一不是民家人。这些族源各异、历史文化背景不同的族群，淡化血缘纽带，以地域为主，融合成一个高度有机统一的族群，在这片地域上不间断地繁衍生存。究其原因，这与其背后有效运行的社会制度——千户长制有紧密的关系。千户长为何物？又具有怎样的属性，这是本书关注的问题域。

第一节　千户长制的特点：集“户所制”与“瑶老制”于一体

千户长制是上伍堡平地瑶历史上的社会组织制度，有的地方也叫“户长”“千长”。广东连南八排瑶，湖南永明的清溪、勾蓝、古调、扶灵四大民瑶与平地瑶有着类似的社会背景，历史上也存在过千户长制。从八排瑶和民瑶的文献记载看，千户长设置的原因是多种多样的。杨鹤书认为，八排瑶的社会组织以道光十三年（1833 年）为分界，发生了判然有别的变化，之前以瑶老制为主，之后进入了千户长时代。

《连山绥瑶厅志》载：

道光十二年（1832 年），钦差户部尚书禧恩，征服八排人后，因瑶人无统属，有攘窃凡物者，辄匿伏不出，莫知谁何，有司不得索也。至是禧恩乃令八排瑶人各举老成知事者，立为瑶老千长，赏给顶戴办事。瑶目为“瑶练”，凡瑶长十八人，瑶练六十四人，每月给饷银一两五钱，瑶长倍之，隶缓瑶把总，月朔目赶绥瑶营炊响具结状，排瑶有滋事者责之，自是瑶有讦民者，先达于长，其长达于官；民有讦瑶者，官下其长，逃者十可得八九，视前加密矣。①

从这则材料看，八排瑶设立千户长的目的是借助瑶人熟悉瑶区的情况，打击潜匿在瑶区的不法分子，加强对瑶区的统治与管理。扶灵瑶的民间文书《扶灵瑶统计》详细记录了千户长的产生。其文为：

溯厥瑶自明开创，原因两广毗连，强寇骚扰，上宪设立瑶役籍，近隘防堵各瑶，官给军械，以御强寇，把守隘口，获民耕种，民得安身。各瑶俱立瑶目管理地方，为国守土纳粮免差，时恤瑶人辛勤守御，各瑶常获功报，每属赏赐花红银两。后因瑶目多人难专其责，于是设立千长一名以总其事，统管瑶目，共勷厥理地方，排难解纷，奉公守法。国朝定鼎不易，其名康熙间，千长，练总、瑶总，瑶头、瑶长，迭易名号，官贤良方正，才能廉明者举赉名报院，另加饬谕委任，诸事给匾奖赏，上下各官每以人员循礼相待，并无刻薄。世事变迁，官情菲薄，尤恐后日瑶目难当一瑶，两村分立五户，钱粮大而人多者一二姓为一户，钱粮少而人稀者四五姓为一户，各户一役三年，周而复始，不许推辞。②

---

① 姚柬之. 连山绥瑶厅志［M］. 台北：成文出版社，1974.

② 《扶灵瑶统计》资料复印于广西师范大学历史文化与旅游学院资料室。

在《扶灵瑶统计》作者看来，千户长产生的原因是传统瑶目过多且失去威信力，各自为政，难以履行职责，满足不了地方政府的要求，因而另设千户长。其目的就是集中管理瑶族传统社会中的瑶目，通过对瑶目的控制实现统治整个平地瑶族区的目的。尽管八排瑶区和民瑶区设立千户长的原因不一样，但目的都是控制瑶区，把瑶区纳入王朝管理的范围。《江华县志》以及平地瑶的民间文献都没有涉及在上伍堡瑶区设立瑶长的直接原因，但控制上伍堡的目的是不会改变的。

根据田野调查的访谈资料，加上查阅民间的有关文献，我们认为平地瑶的千户长具有以下两个方面的特征：

一是具有“户所制”的军事职能。千户长是明代地方军事机构“千户所”的长官，设置千户所的主要目的是防御和镇压民族地区的少数民族。明代的江华设有两个千户所，一个是锦田所，另一个是江华所。永明的枇杷所距离江华瑶区也很近。五堡之地，设有一个百户。这些户所的职责就是防瑶、守瑶。平地瑶在未定居入籍之前，本身就是千户所的守御对象，因而对千户长，他们并不陌生。定居入籍后，平地瑶已经“服王化”，纳税免差、听从调遣、归入王朝版图。其身份随之发生改变，由被守御对象转变为守御“不服王化之瑶”的主体力量。其主要职责是守御通往西粤和八排瑶之间的隘口。按照他们的说法，就是“三条九隘，各守各的隘各守各的源”。这些隘口是中原各省进入两粤地区的自然通道，也是南岭走廊的分界点，隘口以北是文明之地，以南是蛮荒之地。因此守御隘口的本质就是守御苗瑶。这跟千户长的职责是极其相似的，也是王朝政府在瑶山实行的“以夷制夷”策略的延伸，是以对瑶民进行军事管理和控制为目的的一种制度，使得王朝的统治势力深入瑶区。平地瑶千户长的守隘功能，对南岭民族走廊“不服王化”的苗瑶保持了威慑力，也从族群意识上划清了与他们的区别，有利于边疆的稳定。

二是具有传统“瑶老制”的特征。明初地方政府在设立“瑶长”之后，“又立瑶老以束众瑶”，恢复了“瑶老制”。但这两套组织体系并非平行运作和发挥作用，其在诸多方面是重合的。瑶老主要是长者依靠个人形成的权威和智慧进行有效统治，因此那些办事公道、具有较强的应变能力和社交能力的长者和智者很容易成为自然领袖。平地瑶迁来上伍堡之时，就是在族群头领组织下完成的。这些头领本身就是瑶老，要么是长者，要么是接受过汉文教育、初识几个字的智者或者巫师之类的道公，极具号召力和权威性。定居上伍堡之后，申请入籍的是奉唐李三姓头人，兼任头户长的也是他们。景泰二年（1451 年），商议建庙供奉仁王的是他们。景泰六年（1455 年），试办村塾，兴冬学的也是他们。由此观之，瑶老在平地瑶初到上伍堡之际，甚至很长一段时间内，都发挥了积极作用。瑶老，基本上也是瑶长，瑶长亦瑶老，按照现在流行的说法就是“一套人马两块牌子”，只不过处事的依据有不同，办事的身份有别。在与宿外族群和衙门打交道，征收税赋的时候，他们的身份是千户长，依据的是王朝的律例与规定；在对宿内管理经济、宗教、婚姻、矛盾纠纷等日常事务的时候，他们的身份又变成了瑶老，依据是旧例，也就是习惯法。

第二节　千户长的职责：对瑶区进行社会控制

有明一代，尤其是明初，鉴于自身实力的不足，对于地处“文明”与“野蛮”之交汇地带的平地瑶主要以怀柔政策为主。明王朝通过弹性柔和的政策，把平地瑶的首领纳入整个王朝的统治机构中来，以此将整个瑶区逐步纳入王朝管理范畴。地方统治者对瑶族千户长的产生有着严格的要求，只有那些“贤良方正”和“廉明者”才能按程序予以委任重用。作为一套社会管理体系，千户长的职责是什么？1954 年，湖南省民族事务委员会到湖南江华瑶族自治县上伍堡做民族识别的时候，根据调查资料就千户长的职责，做了如下整理：

一是每年负责征收本宿各户粮款送县；

二是十年编造本宿各户粮册一次送县；

三是处理宿内民、刑争讼；

四是督促宿内各姓应负把守的三条九隘险地；

五是公议三宿对外贼来盗的防御措施；

六是通过三宿千户所提应处斩的极刑罪犯；

七是证明婚嫁买卖丧事；

八是主持宿内宗政事，并掌握所属各庙财产。[①]

由此可知，千户长的职责涉及了平地瑶的经济生活、司法刑侦、战备、婚姻嫁娶，职责繁琐且重要。但他们并非专职，他们与其他瑶族成员一样以户为单位参与生产，平等地参加各种文化实践活动。正如恩格斯所说："酋长在氏族内部的权力，是父亲般的、纯粹道义性质的；他手里没有强制的手段"[②]。各千户长之间也并非统治与被统治的关系，而是以纳税户为单位进行封闭管理，各自为政。涉及整个三宿的利益时，才由各自的宿长或者三头户长牵头进行共同协商。这种集传统的瑶老政治和千户长制于一体的社会组织符合平地瑶的实际和封建王朝的需要，有利于边疆大局的稳定。具体而言，千户长主要在以下几个方面发挥作用：

第一，纳税免役。平地瑶的前身盘瑶是不服徭役的，他们在深山老林里广种薄收，食尽一山则迁徙，自保尚不够，何来余粮纳税？他们在定居上伍堡后，拥有了属于自己的耕地，找到了另一个千家峒，甚至上伍堡三宿比千家峒的自然条件还要优越。姑婆山有春头源、流车源和镇头源三条河流流经上伍堡区域，基本上可以做到旱涝保收。从某种程度上说，他们被百户韩恩、县令周于德招抚来此居住的目的就是增加地方财政收入。在这样一片类似于千家峒的土地上繁衍生存，平地瑶也愿意纳粮，并且他们

---

① 湖南省民族事务委员会《江华县第三、四、五区瑶族成分问题的调查报告》（1954 年）。

② 中共中央马克思恩格斯列宁斯大林著作编译局. 马克思恩格斯选集：第 4 卷［M］. 北京：人民出版社，2012.

的赋税很低。通过纳赋税，他们跟地方衙门联系在一起了，得到了地方文武衙门的保护。因此，他们总是积极地纳税，在宿内，地方衙门对不纳税者的处罚很重，直接剥夺其土地拥有权。他们在土地交易中也是把税粮写进去，买家无条件承担原来的赋税。

第二，戍守边疆。上伍堡地处岭南与岭北的分界线上，处于南岭民族走廊的交通要害处，地理位置十分重要。上伍堡四周除北部是民家人外，几乎都是没有入籍的过山瑶，也叫“生瑶”。生瑶是封建文化基于“非我族类”之意识对过山瑶群体的一种认知，采用的是一种自我中心的分类逻辑。这种“排斥化”的表述，给封建王朝统治者镇压过山瑶找到了合法性依据。连入籍的平地瑶也必须抵御“生瑶”，根据上伍堡当时的社会人文生态环境，“生瑶”是他们抵御的对象。具体来说是西部的六寨瑶族、南部的罗溪罗旧瑶族、东边的八排瑶族以及东南边经常前来行劫的苗族。尽管所住之地属于萌渚岭山脉，从地理位置上说，上伍堡所在的南岭走廊算不上是边疆，但它远离封建王朝的政治经济中心，封建王朝势力在这里较为薄弱，因此也算得上封建王朝政治经济的边缘。上伍堡平地瑶定居后，有一个重要的职责就是守隘口，即三条九隘。这些隘口就是通往西粤的要道，因此守隘其实就是戍守边疆。

第三，听从调遣。守御隘口只是自保，是平时封建王朝无战事之时的一种常态职责。除此之外，上伍堡平地瑶在国家有难时，还肩负着听从王朝调遣的使命。为国家解危，为封建王朝出力是瑶族一以贯之的优良传统。他们的先祖盘瓠就是在国家处于风雨飘摇的时候，挺身而出，凭借一己之力拯救了王朝。在上伍堡居住时，平地瑶所信仰的仁王也是一位为国家立过战功的将领，也是被皇帝封的王。因此，听从调遣是平地瑶十分乐意的事情。

第三节　千户长控制社会的原则：王朝律例与习惯法

上伍堡平地瑶自定居以来，尽管期间有族群的迁徙与流动，作为第一批移民的17户，在地域内虽屡次发生迁徙，但都没有离开三宿。作为不断迁徙的瑶族，能在一个地方居住600多年，这在瑶族史上是少见的。究其原因，这与他们在定居过程中形成了一整套社会管理体系有密切的关系。社会控制就是这套体系里面一个有机组成部分。一个族群不管其文明程度如何，都必须有一套完善的社会制度及风俗与之相适应，否则这个族群将缺乏生命力。社会制度及风俗就像一个区域的法律，规范着人与人、人与物、人与社会之间的关系，任何偏离社会规范的行为都将受到来自各方力量的抵制。千户长控制瑶区具有“二元”性质。作为入籍的“瑶人”，封建王朝的律例也是他们所必须遵守的。他们必须按照律例缴纳赋税以换取封建王朝统治者的认可，在地方上就是文武衙门对他们的宽容和允许存在。他们在与外族群，如民家人、梧州人交往过程中，涉及矛盾与纠纷时必须在封建王朝的律例范围内给予解决。这样做的目的在于维持与周边族群之间的既定关系，保持社会安宁。主体社会通过这一系列的制度，依靠千户长来间接控制瑶区。尽管入籍，也纳税，但平地瑶毕竟还是瑶族，是介于“生瑶”与民家人之间的族群，对外他们要遵守封建王朝律例，对内却有一套完整的社会控制体系，核心就是按照“旧例”也就是习惯法，处理内部关系。此外，平地瑶内部形成的条文，尤其是刻在石碑上的诉讼判决条文，也是千户长控制瑶区的有效武器。下面我们侧重从条文的控制与习惯法的控制两个方面分析千户长是怎样控制瑶族部内的。

一、条文的控制

平地瑶虽然没有自己的文字，但随着与汉族交往的不断加深，部分富裕者有机会接受一定的儒学教育，初具读书识字能力。洪武二十一年（1388年），奉子仂在旦久宿建立起了上伍堡第一栋砖瓦房，竹子尾宿的头户李冬仂写了一副文采斐然的对联，以此祝贺。内容是："冰消云化，荒堡呈五光十色；冬去春来，旦久呈百态千姿。"

瑶族的条文主要是指一些刻在石碑上的约定。比如景泰元年（1450年），三宿头领建好岭下大庙后，在庙前曾经立有一碑刻，其主要内容就是"过山榜"中关于山场之规定的榜文。

景泰三年（1452年），平地瑶造图守隘，并对瑶粮的多少、瑶族社会经济日常事务的管理都有明确的规定。万历十五年（1587年），平地瑶民将这些规定刻在石碑上，立于大岗头，作为平地瑶必须遵守的律例来执行。内容主要有"傜民间有大小一切事务亦同酌量处理，其傜田傜地瑶卖瑶买，不过都乡，朝买暮绝，余无税尾，不投税契，不许找补归赎——其余六艺匠人，丹青巫道等项工作，不得勒索于傜民"①。

这些刻在石碑上的条文是平地瑶必须遵守的法则，也是约束处罚瑶民的准则，严重者可以在石碑前就戮。

由于平地瑶居住环境复杂，周边有梧州人，山上有过山瑶，诉讼成了无法避免的常事。每次诉讼后，平地瑶都把这些官府的判决结果刻在石碑上，既警示自己也警告对方。

部分平地瑶民图一己之私，私自把山场交给过山瑶族垦种，引发了平地瑶与过山瑶以及平岗宿内部的矛盾。官府依旧例处理后，千户长就将断案内容刻在石碑上，立于山场的显赫位置。其意图非常明了，就是警告涉事双方，如再有违法，就将送官，接受官府的制裁。

二、习惯法的控制

平地瑶社会没有文字，识汉字者寥寥，主要靠习惯法维持秩序，规范

---

① 《上伍堡三宿粮册底引》保存于湖南省江华瑶族自治县涛圩镇汉冲村奉兴朝家。

人们的行为。习惯法是一个族群精神、意志、文化的体现，可以以之反观一个族群内在的文化价值和模式。正如费孝通所说的："一个民族总是要设法巩固其共同心理。它总是要强调一些有别于其他民族的风俗习惯、生活方式上的特点，赋予强烈的感情，把它升华为代表这民族的标志。"[①] 平地瑶的风俗习惯，对于地域外来说，是软弱无力的，但在三宿内却有很强的控制力。主要有以下几个方面：

（一）社会秩序的控制

社会秩序的健康有序运行，是一个族群焕发生命力的保证。平地瑶瑶区社会治安的优良是有口皆碑的。主要体现在刑事犯罪率极低，公众舆论对偷盗抢行为极度唾弃。同家族中如有成员有盗窃或者抢劫行为，其会连累整个家族，其家族成员都会为此感到羞愧而难以见人，在村寨中无法立足抬头，以至于不得不搬迁。

如果在集市上发现小偷，人人可以追打，小偷也就成了过街老鼠，很难逃脱平地瑶人的追赶。小偷一旦被抓住必将受到殴打，只要不打死，打人者几乎是无需负责任的。平地瑶的老人告诉笔者，如果发现外地人到村里偷东西，一经抓获，必将惩罚。瑶族是个苦难的迁徙民族，迁徙过程中受到了来自自然和社会的诸多压力，人们在持续不断地与天灾人祸做斗争的过程中，养成了勤劳勇敢的品格，对那些好吃懒做者嗤之以鼻，深恶痛绝。加上瑶族人的生态环境恶劣，长期以来都是刀耕火种、广种薄收的原始生计模式，一年到头还不够果腹，如果遇到偷窃就会导致生活难上加难。因而他们对偷摸苟且之事尤其痛恨。在漫长的生产生活实践中，平地瑶积累了一套扶持帮助弱者的文化模式，也就是免费借用、义务帮工。大到猪牛，小到油盐酱醋，只要缺少了都可以向邻居借，什么时候有什么时候还。贫困人家想建房，只要备好材料就可以了，邻居等会出工出力、义务帮工。

---

① 费孝通. 民族与社会［M］. 北京：人民出版社，1981.

（二）婚姻家庭的控制

上伍堡地域广袤，按照民间文献说的三条九隘范围计算，南北直径达30千米，东西宽达10千米左右。20世纪50年代，江华瑶族自治县采育场成立之初，租了部分平岗宿的山场，当时平地瑶土地估计只有1 000多亩（1亩约等于666.67平方米，下同），后来据飞机播种面积测算，土地有一万多亩。平地瑶人对数字不敏感，在他们看来，“千”就是很大的数了。在这样一片广袤的土地上耕种生存，无异于“人民少而禽兽众，人民不胜禽兽虫蛇”的上古。在生产力不发达的明清时代，人丁的繁荣就显得十分重要了。加上守御苗瑶的重任，这需要许多成年男丁，因此平地瑶人对生育人数没有限制，有重男轻女的习俗。为了保持族群的有效繁衍，平地瑶人对通婚范围和通婚对象约束多且严格。平地瑶实行的是地域内婚，曾经在一定范围内禁止同姓通婚，禁止招郎入赘。后来由于奉唐李三姓人口过多，通婚对象受到限制，平地瑶人就逐步取消了同姓不能通婚的规定。为了保持宿内婚姻的稳定，平地瑶人对不正当的性行为限制严格。

（三）土地财产的控制

作为盘瑶的一个支系，平地瑶之所以在上伍堡实现了由游耕到定居农耕的转变。主要原因之一是官府允许他们在三宿内的百里瑶岗进行垦荒自由耕种，并有原始森林密布的莽莽大山供他们采集狩猎，亦可作为逃生的屏障，一旦社会环境恶劣他们可选择潜入深山，以深山老林为族群的掩护，重新过上游耕生活，以此确保族群的延续。在上伍堡平地瑶看来，山场耕地是他们生存的依靠，正是依附了这土地和森林，他们才得以定居。因而在他们的习俗中，对土地的买卖与流转控制很严格。土地买卖的原则是“其傜田傜地瑶卖瑶买，不过都乡，朝买暮绝，余无税尾，不投税契，不许找补归赎”。从土地交易原则可以看出，平地瑶的土地交易只局限于地域内的平地瑶之间。具体而言，土地交易是在宿内的“户”[①] 之间交易，跨“户”的很少，也就是不过“都乡”。这样可以确保封建王朝的税收不流失，以免平地瑶得罪官府遭受官府的驱赶。平地瑶在土地交易中对官府的粮饷有明确的规定，买家必须承担原来土地上的税负，也就是“余无税尾，不投税契”。笔者查阅了一些清王朝各个时期以及民国时期的地契，契约上都有“徭粮多少两”之类的话语。在过去，对违反规定的平地瑶民的处罚最重的就是“出迹”，也就是剥夺其土地所有权，赶出三宿。清朝乾隆年间以后，随着客家人不断渗入到三宿尤其是竹子尾宿居住，也发生了一些客家人与竹子尾宿瑶民的土地交易，但不算太多。

（四）宗教祭祀的控制

与盘瑶支系相比，平地瑶的宗教信仰发生了很大变化，“盘王”信仰已经难见踪迹，他们主要信仰本土色彩比较浓的“仁王”。平地瑶的构成是复杂的和多元的，既有盘瑶支系，也有民家人、客家人。多元的族源，必然带来多元的信仰，信仰的多元化必将产生离心力，不利于族群的稳定与团结，给族群的生存带来潜在的危险。控制了宗教信仰，就是掌握了族群的命脉。因此，平地瑶对宗教信仰极其重视。平地瑶设法整合各族群的信仰，途径是吸收本土文化资源，创造新的共同信仰对象。在此背景下，“仁王”就成了他们的必然选择。唐文明元年（684 年）江华县改名为云溪县，县址所在地就在五宝（堡）之地。这一带流传着众多唐睿宗李旦、唐太宗李世民以及李云溪的故事。按照平地瑶的说法，“仁王”叫李云溪，是唐朝的将领，曾经有功于国家，后来因早朝迟到被误杀。平反后被赐阴间王，居住在上伍堡，是上伍堡的守护神。外来族群到上伍堡只要承认“仁王”，负担祭祀“仁王”的香火钱，就可取得在上伍堡居住的权利。本族人如带田土迁往外地居住的必须负担原住地的祭祀寺庙钱。通过宗教信

---

① 这里的户是指纳税单位，是由多个家庭组合而成的，不是指由主干家庭或者扩大家庭组成的血缘家庭户。

仰与土地依附关系的确认，“仁王”信仰深入人心。平地瑶的信仰也就具有了高度的认同性，信仰确保平地瑶成为一个整体。

平地瑶内部通过血缘和地缘，把宿与宿、寨与寨之间变成了非亲即故的族群群体，但没有形成高度集权的社会，没有系统的成文法，没有司法机关，主要依靠千户长制度这种系统而又严密完善的社会组织控制社会，架起与宿外各族群以及地方官府的联系，确保社会稳定。这种兼具“户所”与“瑶老”于一体的千户长制与平地瑶的社会人文生态环境相适应。

第三章　明清王朝治理南岭走廊瑶族的策略研究

南岭走廊萌渚岭姑婆山脉的隘口，系旧时“文明”之岭北与“野蛮”之岭南的重要地理分界线，其谷地则是瑶族尤其是平地瑶的主要栖居地。湖南省江华瑶族自治县上伍堡平地瑶自元末以来就定居在姑婆山南麓。最早关注平地瑶族的官方史书是明朝万历年间的《江华县志》，里面有“三宿俱在上伍堡，乃平地瑶也”的记载。此后，明代的《九疑山志》、清代康熙年间的《永州府志》对上伍堡平地瑶的生计与文化特色记载得更详细。据明代《九疑山志》的记载：“三宿俱在上伍堡，乃平地瑶也。洪武初年瑶老李东仂等共十七户约三百余名，本县申祥院道招抚下山附属大同乡分立三十六户，每年纳粮一百八十石免当差听调征剿，今生聚数千人把守梅子隘春头源里松草王等处贼岗出入。”据此来看，明初，上伍堡平地瑶已归依明王朝，以户为单位进行纳粮，但免差役，听从政府的调征，守御通往西粤的隘口。明初以后，上伍堡瑶族一直与历代王朝保持着良好的关系，史书上鲜有其“造反”的记录。

在民族史上，瑶族向来被历代王朝冠之以“不服王化”之名。明初以来，上伍堡瑶族为何主动入籍，归依王朝，接受明清王朝的控制？明清王朝又采取了什么样的策略治理平地瑶，使得瑶族入籍纳粮成为封建王朝子民？本书力图在田野调查的基础上，参阅有关史籍，从社会组织、经济、军事、文化教育等方面对此问题进行回答。

第一节 设立千户长，加强社会控制

瑶族是个迁徙性民族，社会组织并不完善，其历史进程中出现了溪、峒、瑶目等社会组织类型。黄钰先生认为，在桂北一带瑶目由瑶长和村老推荐任免，任期一般3~5年。村老是各村寨中为人正直、办事公正、有能力，为群众所拥戴的长老，是瑶族中的自然领袖，村老为一村之长，负责主持村寨的日常工作，调解村民纠纷，并代表村寨协助瑶长处理各种事务，为瑶长出谋划策。房老是同姓共房的族长，由亲属推举族中德高望重的长者担任，主要负责处理房内纠纷、婚姻、财产继承等日常事务[①]。

明初统治者鉴于自身实力有限，对于上伍堡平地瑶在保持适当压力的同时，主要以怀柔政策为主。清王朝大体上沿袭了明初的政策。在社会组织上的体现就是对瑶族传统的社会组织进行改革，使之纳入整个封建王朝的统治机构中。据《上伍堡三宿总册底引》记载，三宿[②]共有千户长17个，三头户分别是奉、唐、李三姓头人。在平地瑶民间记忆中，明清时代的千长也叫千户长。把瑶族的首领称做带有军事性质的千户长，在瑶族社会组织中并不多见，这也是平地瑶二元身份的体现。一方面，在封建统治者看来，平地瑶民是"非我族类其心必异"的蛮夷；另一方面，平地瑶民由于入籍和纳税又具有了某种"文明"属性。与上伍堡平地瑶同源，同属平地瑶支系的江永四大民瑶之一的扶灵瑶保留了一份民间文书《扶灵瑶统计》[③]，其对平地瑶瑶长的产生过程和职责做了详细的记录。

前已述及，千户长产生的原因是传统瑶目过多且失去威信力，各自为政，满足不了地方官府的要求。其目的在于强化对平地瑶的统治，将之纳

① 黄钰，黄方平. 国际瑶族概述［M］. 南宁：广西民族出版社，1993.

② "宿"是上伍堡平地瑶以地理空间为标准划分的社会组织，整个上伍堡平地瑶共分为三宿，即平岗宿、旦久宿和竹子尾宿。

③ 《扶灵瑶统计》由光绪年间扶灵瑶瑶长编撰而成，内容包括扶灵瑶的来历、田土变更以及明清时期的文书。

入封建王朝管理范畴，因此只有那些“贤良方正”和“廉明者”才能按程序委以重用。笔者在田野调查过程中，根据地方文化人士的叙述，对千户长的职责进行了梳理，主要如下：

第一，按照田亩征收粮税。

第二，负责社会治安，依据习惯法处理民事、刑事案件。

第三，管理村庙祭祀。

第四，保卫整个族群的生命财产安全。

从上述四方面的职责来看，千户长基本上履行了地方性行政长官的职责，在纳税当差、维护社会秩序、执行瑶族习惯法方面具有重要作用。封建王朝统治者通过千户长的设置实现了政治势力向平地瑶社会的渗透，从而在政治上实现了对平地瑶的有效治理。

千户长地位显赫，但职责繁琐，且并非专职。在生产上，千户长与其他瑶族成员一样以纳税户为单位参与生产，平等地参加各种文化实践；在管理上，千户长平时以纳税户为单位进行封闭管理，各自为政，但涉及整个三宿利益时，就由各自的千户长或者三头户长牵头进行共同协商。这种集传统的瑶老制和千户长制于一体的社会组织符合平地瑶的实际和封建王朝的需要，有利于保持边疆大局的稳定。

清代以来，千户长制逐步被废除，清政府在平地瑶地区设立“瑶外委”，其首领叫“瑶长”。清代的“瑶长”与明代的“千户长”除了称呼不同，并无实质性区别，都是集官方和民间使命于一体的瑶族领袖。清朝道光二十六年（1846 年）的《永明县志》载：“每瑶立长以总之，目以佐之，小争则长与目听汀，大事则讼于官。”瑶长的设立与职责与千户长大体类似。笔者在上伍堡平地瑶做调查时，地方文化人士告诉笔者，过去他们的领导叫千户长，甚至会引家中保留的《上伍堡三宿总册底引》来佐证。

民国时期，中华民国政府在全国各地行推行保甲制度，上伍堡平地瑶地区也不例外。据平地瑶老人介绍，那些保长、甲长基本上也是由千户长的后裔担任。在瑶区最具影响力的还是那些千户长的后代。在他们看来，保长只是履行民国政府的纳税、完粮、征兵职责，内部处理各自的土地纠纷、刑事案件、涉外关系以及婚约的标尺都是沿用千户长时期的“旧例”，即传统习惯法。这种半官方、半民间性质的千户长制度架通了平地瑶与地方统治阶级之间的桥梁，为政府在上伍堡的实际统治与治理打下了基础。

第二节 允许垦荒，轻税薄役

在平地瑶的邻居民家人看来，平地瑶区别于过山瑶的主要标准是平地瑶民居住在平地和谷底，拥有一定量的耕地。从平地瑶民间史料来看，平地瑶民拥有土地的方式主要是垦荒。明中期以后，随着贫富差距的出现，土地买卖成为常态，购买土地也成了部分富裕瑶民获取土地的方式之一。平地瑶族在上伍堡定居之前的游耕生计模式决定了他们无法累积财富，因此在定居之初，垦荒成了他们拥有土地的主要方式。据《上伍堡三宿总册底引》[①] 记载，明洪武初年（1368 年），上伍堡平地瑶以宿为单位开始了有秩序的丈量土地，造册领田。

一宿奉富四具领石圳、栎头峒田，只税五亩——奉子俫名下另领田，一处井田，蕉栎洞，荒田、熟田均未踏勘丈量，内有二百五十坵，只税八十亩；二宿唐养仂名下共领田一千二百八十坵，只税七十八亩，其余免税；三宿李冬仂名下共领田五处土名平栎洞、泽水洞、火烧洞、白洞里、据木塘，只税二百四十九亩……

奉富四、奉子俫、唐养仂、李冬仂为上伍堡三宿首领，他们根据居住地的远近，在官府的授意下进行领土垦荒，所垦荒之田地归各宿所有，各

① 《上伍堡三宿总册底引》成文于 1922 年，作者不详，主要记载了上伍堡平地瑶垦荒土地、入籍纳税等事项，现保存在湖南省江华瑶族自治县涛圩镇汉冲村奉兴朝家中。

宿再根据人口的多少进行划分，原则是谁开垦归谁所有。

“不事赋役，谓之瑶人”，这对过山瑶来说是符合瑶族历史文化的，对平地瑶而言却是另外一番景象。从《上伍堡三宿总册底引》记载来看，平地瑶在入籍归附封建王朝之后，需缴纳一定的赋税，只不过比较轻而已。明清王朝对上伍堡平地瑶进行征税只有象征性作用，实际上执行的是轻税免役的经济政策。为什么明清王朝会在平地瑶实行推行垦荒、轻税免役政策？其原因是多种多样的。平地瑶民间保留的文献《上伍堡三宿总册底引》的解释是明初统治者允许平地瑶垦荒耕种的主要原因是元末狄都指挥使屠戮人民，导致上伍堡一带大量田地抛荒，也致使国库空虚。进一步分析，除了跟上伍堡一带人烟稀少有关外，其还与明王朝建立之初的国力尚弱紧密相连。以苗族、瑶族为主体的南岭走廊，远离政治、文化、经济中心，明王朝无法进行有效控制。大藤峡瑶乱之初，西粤地方官曾向明洪武帝请求出兵，朱元璋却以“大抵驭蛮夷之道惟当安近以来之，不可因恶以累善，非实有左验，不宜捕戮”（《大明太祖高皇帝实录》）之辞予以拒绝。由此可见，在南岭走廊广大瑶族地区采取温和的招抚政策，是明初封建王朝不得已而为之的。

此外，明清王朝对南岭走廊一带的上伍堡平地瑶族采取轻税薄役的治理策略，符合瑶族的传统文化心理，便于平地瑶接受。在漫长的瑶族发展史上，人们形成了一种游离于王朝之外的文化意识。正如瑶族文书《过山榜》所记载的“令耕山田源处、三锹以上之地，离田三尺，离水三寸，斛水不上，乃王瑶子孙耕管——依三千条罪律令，各入山居处，刀耕火种，山田坑处，并于蠲免国税夫役，各照律令。”① 在平地瑶族看来，坪坝上的广袤良田，属于民家人，而三锹之上的山场森林属于平地瑶人，各自互不相干，“瑶还瑶，朝还朝”。尽管平地瑶已经定居，并归附封建王朝，但他们与游走在封建王朝之外的“生瑶”仍旧有千丝万缕的联系。因此，

---

① 《过山榜》编辑组. 瑶族《过山榜》选编［M］. 长沙：湖南人民出版社，1984.

实行轻税薄役的政策符合瑶族的历史文化传统，便于平地瑶族愉快地接受。这种轻税薄役的政策，收到的效果是显而易见的。据《上伍堡三宿总册底引》记录，温和的民族政策不仅缓和了元朝统治者带来的紧张的民族矛盾，促进了南岭山区社会经济的发展，也为瑶汉民族在南岭走廊一带的融合互动奠定了良好基础。

第三节 持械守隘，戍守边疆

明清王朝在南岭走廊瑶区实行的是“系统治理”，在军事上的治理策略是允许平地瑶拥有军事力量，持械守隘，戍守边疆。平地瑶成年男子农时为“民”，战时为“兵”，所用的器械基本上靠自产。笔者在做田野调查时，红泥塘瑶寨的一位唐姓老人对笔者说：“听老辈人讲，过去我们村有很多能人和匠人，打铁、造火铳、做木工的都有。我们使用的火铳都是自己造的。”

上伍堡平地瑶居住在湘桂古驿道的交界处，南接西粤，北控长沙，地理位置十分险要。据奉、唐、李等姓的族谱记载，平地瑶定居上伍堡之前，沿着湘桂走廊之间的隘口频繁流动，广西的富川、钟山，湖南的江永等地都是平地瑶迁徙过程中的驿站。南岭走廊萌渚岭姑婆山一带，不仅分布着平地瑶，还有没入籍的苗族和过山瑶，即“生苗”和“生瑶”①。封建王朝对这些“化外之苗瑶”，采取的治理方略是历代封建王朝的“羁縻”政策。当封建王朝势力不足以延伸到边缘之地的南岭走廊，或者这一带的“生苗”“生瑶”没有公开对抗朝廷时，朝廷贸然武装干涉，成本太高也不划算。其明智的选择就是让入籍的平地瑶持械守隘，戍守边疆，具体来说就是守“三条九隘”。由此看来，明清王朝让平地瑶拥有军事力量的目的

---

① “生苗”“生瑶”与“熟苗”“熟瑶”相对应，是一组具有复杂多元内涵的概念。总体上说，“生苗”“生瑶”指的是与封建王朝关系疏远，文化习俗与汉文化相距甚远，没有入籍纳赋税的苗族、瑶族群体。

有二：一是自我防御，当受到外来力量侵略，主要是面对“强人”[①] 时，他们会奋勇自卫，捍卫本族群的利益；二是听从地方官员的调遣，对没入籍的过山瑶以及周边苗族保持震慑力，以确保封建王朝的巩固、边疆的稳定。

持械守隘，戍守边疆，在一定程度上只起到了震慑作用。不管是在田野调查过程中还是在查阅平地瑶的地方性文献时，笔者都没有听到或看到湘桂瑶族之间的纷争往事，相反听到的只是平地瑶与西粤瑶族之间割不断理还乱的兄弟情怀。平地瑶的守隘职责在多大程度上起到了遏制西粤瑶族的作用，我们不得而知，但有一点可以肯定，封建王朝赋予平地瑶的守瑶功能，至少在一定程度上阻止了平地瑶与过山瑶为伍。明朝时期过山瑶的几次起义，平地瑶都没有参与。明隆庆年间，平地瑶还率本地瑶民随官兵到锦田攻打流寇，解救了被围困的 18 个寨子。

平地瑶拥有了自己的武装力量，但这并不意味着他们已经被主流民族完全认同。在地方官员以及民家人看来，平地瑶仍旧“蛮性”依然。事实上，无论中央王朝还是地方政府，对平地瑶都没有放心过，他们赋予平地瑶某些权力的同时仍旧保持高度警戒。不管是明王朝还是清王朝都在平地瑶居住地设置军事机构，层层布防。清康熙九年（1670 年），清政府在永州设立左中右三营，其中左营设在江华，在涛圩设立把总，并征用瑶兵“以瑶制瑶”。赵金龙起义后左营移驻锦田。由此可见，封建王朝从来就没有放松对平地瑶的警惕。

第四节　兴教化，推行学校教育

平地瑶离开深山老林，定居平地，从游耕到农耕后，其文化并没有发生实际上的改变。为真正把平地瑶纳入封建王朝统治之中，除了社会组织

---

① 强人指的是土匪。

的延伸、土地的赋予和轻税薄役、武装震慑外，就是进行文化教化，用儒家伦理价值规范平地瑶民的行为。体现之一就是设立学校，推行科举考试。

随着学校教育的不断发展，上伍堡平地瑶的文明程度有了改善。

上伍堡三宿书院的设立更是把上伍堡平地瑶的学校教育提升到了一个前所未有的高度。现存的四方碑①存放于平地瑶凤尾小学门口，据其记载，三宿书院兴建于清乾隆三十八年（1773 年），由旦久宿旦久村的奉有纬向永州府的庞知府请命兴办。兴办过程中，由于司事者“耗蚀经费”，加上庞知府调离而停建。后在三头户长的努力下，再次得到永州知府继任者的支持，遂于清乾隆四十年（1775 年）建成。据平地瑶老人回忆，书院呈四合院形，有自修室、师长室、授课室、寝室等 12 个间房，瑶民捐给书院学田 83 亩。书院将其租给瑶民耕种，年收谷 120 石，设人专管，供学童读书应试之用。学习的主要内容是儒家经典《四书》《五经》，成绩优异者参加县邑秀才的考试。

教育的推行，尽管没有从根本改变平地瑶的地位，但也引起了封建王朝的重视，为平地瑶培养了一批地方精英。据牛路村李姓族谱记载，该村清代有廪生、庠生 19 人，其中大部分是三宿书院的学生。清康熙年间的《永州府志》记载：“平地瑶则多读书，能文之士，近年应童试者百余员，考列多高等。雍正壬子、乾隆丙午两科，先后中乡试额，实自来楚省瑶籍所未有。”由此可以得知，明清王朝在平地瑶族区推行文化教育是成功的。

上伍堡平地瑶居于萌渚岭姑婆山脉的隘口处，是“文明”之中原与“野蛮”之两粤的地理分界线，相对于中原来说，他们是“边缘”，就两粤而言他们又成了“中心”。鉴于上伍堡平地瑶这种双重身份以及地理、文化上的重要性，明清以来，历代王朝统治者便以“抚瑶”代替了“剿瑶”。

---

① 四方碑指的是一块呈四方形的碑刻，四面都有文字。主要内容是记载上伍堡三宿书院的建院过程。

策略上的转变不仅维护了南岭边疆的秩序，也给平地瑶自身的发展带来了空间。平地瑶在守御两粤瑶族的同时，通过不断地与中原文化对接，形成了自己独特的族群文化。

第四章　南岭瑶族传统社会治理智慧及其当代意义

南岭民族走廊中湘南、粤北、桂东是瑶族分布最为集中的区域，作为具有悠久历史的山地典型迁徙民族，瑶族在历史的激流中历经千年而绵延至今并不断壮大，与其历史上有效的治理紧密相关，蕴含着极其丰富的当代乡村治理可借鉴的传统社会治理智慧。在梳理历史文献和利用田野调查法获取资料的基础上，探讨并辩证汲取南岭瑶族传统社会治理智慧，不仅有利于推进我国优秀传统民族文化创造性转化、创新性发展，尤其对新时代南岭乃至全国山地民族区域的乡村振兴与乡村“善治”具有积极的借鉴意义。

第一节　瑶族传统社会治理智慧研究文献梳理

国外学术界对于瑶族社会治理智慧的研究主要集中在美国、日本、泰国等，其研究重点是瑶族的宗教信仰、社会组织、婚姻家庭制度、民族精神等方面。竹村卓二在《瑶族的历史和文化》一书中从文化生态学和民族史的角度探讨在泰国瑶族保存族群性的问题。琼森（Hjorleifur Jonsson）在《瑶族关系：泰国山地民族与国家控制》一书中主要探讨的是泰国北部的瑶族在族群认同与居住国国家认同之间关系处理的策略问题。白鸟芳郎在

《东南亚山地民族志》一书中介绍了对泰国北部帕莱瑶族村寨的调查，以民族志方法描述了瑶族的头人、设鬼等头目产生的条件及职责。泰国学者差博·卡差·阿南达博士在《泰国瑶人——过去、现在和未来》一书中，在分析泰国瑶族的政治组织时重点介绍了头人产生的方法及其与当地政府的关系。

20 世纪二三十年代，我国民族学、人类学创建之初便有学者深入南岭走廊瑶族区域调查其生态环境、生产方式、社会组织、婚姻制度、宗教信仰和语言等内容，在他们的调研报告中，涉及了瑶族历史上的社会治理智慧。任国荣（1928）在《瑶山两月视察记》中记录了广西大瑶山瑶族处理纠纷的“评论员制度”。庞新民（1934）所著的《两广瑶山调查》中把纠纷处理制度称为“合议公决制”，他把瑶山秩序井然的原因归结于“瑶山各村处罚窃贼之私刑严酷”。王同惠、费孝通（1936）在《花篮瑶社会组织》中对大瑶山花篮瑶家庭组织的经济功能的形成做了深入分析。随着 20 世纪五六十年代少数民族社会历史调查的展开，瑶族民间文献得到较为全面的搜集整理，为后续研究提供了丰富的历史文献。20 世纪八九十年代是瑶族研究的一个繁荣期，包括《湖南瑶族社会历史调查》《广西瑶族社会历史调查》（1~9 册）、《瑶族〈过山榜〉选编》在内的一批瑶族历史文献得以问世，这些文献记载了瑶族社会治理智慧，主要集中在瑶族“瑶老”“石牌制”“油锅”等社会组织的形成和社会价值功能等方面。

近 30 年来学界对瑶族传统社会治理智慧的研究主要如下：

一是人类学视野下瑶族治理的社会组织研究。谢剑（1993）认为，连南排瑶社会组织之领袖制度，“似乎已经超越‘最小政府’的形式，虽然未达到‘国家政府’却已是某种‘混合政府’”。瑶族石牌制价值功能的研究是热点话题。郝国强等（2014）从社会文化变迁的视野阐述了石牌制的价值功能向生态保护、禁止狩猎等与国家法相契合等方面转变。吴正彪等（2016）从宗族与文化生境的视角，倡导发挥瑶族宗族组织等瑶族传统社会组织在推行村民自治中的积极功能。叶建芳（2017）认为，瑶族在家与社会协调一致中遵循的原则是“互助互爱”的家庭伦理，实践“不轻易冒犯他人”的社会原则。

二是对瑶族传统社会治理的法律人类学的研究。高其才（2011）从习惯法视角对瑶族村寨治理进行深入研究。覃主元、刘晓聪（2014）从瑶族习惯法的产生、发展与法典化过程，讨论瑶族习惯法在瑶族社会秩序构建及社会控制中所扮演的角色。谢尚果（2015）探讨瑶族“本土资源”的内在逻辑及其当代意义。李雪菁（2017）建议因势利导，合理扬弃，通过改造与合理利用瑶族刑事习惯法中的积极因素，弥补国家刑事制定法的不足。

第二节　瑶族传统社会治理智慧的主要表现维度

通过对瑶族传统治理历史及研究文献梳理，结合对南岭瑶族传统村寨治理的田野调查，笔者认为瑶族传统社会治理智慧主要表现为以下几个维度：

一、以“瑶老制”为关键制度安排

“瑶老制”是过去瑶族地区特有而又普遍存在的一种传统社会组织，也是瑶族人民一直尊崇的一套比较系统的社会治理制度。瑶族支系繁杂，其中八排瑶地区的“瑶老制”比较完整，它由“天长公”“头目公”“管事公”“掌庙公”“烧香公”“放水公”和各姓瑶老组成，其中“天长公”是最高首领，“头目公”是“天长公”的助手，“管事公”是军事首领，形成较为完备的瑶族传统村寨社会治理的组织体系。

作为瑶族传统社会治理的一套内生秩序系统和关键制度安排，“瑶老制”主要功能在于维护瑶族内部社会秩序、调解各类矛盾纠纷、应对族群内外社会风险、维护族群内部的有机和谐、平衡人与自然关系、有效发展生产生活等，在瑶族历史上对社会经济的稳定发展起到了积极的作用。“王朝政府通过‘千户长’的设置实现了政治势力向平地瑶族社会的渗透，从而在政治上实现了对平地瑶的有效治理。”① 随着时代的发展，“瑶老制”已在不少瑶族地区渐渐消失。

二、以“瑶老”为村寨治理首领

“瑶老制”从制度层面确立“瑶老”为瑶族传统村寨的首领，即村寨治理主体。“瑶老”是一个统称，是瑶族人民对管理瑶族村寨对内、对外各项事务的老人的尊称。“瑶老”由瑶族人民在懂本民族历史、有丰富生产经验、办事公正、为群众所信赖的老人中选举产生，负责处理对内、对外的各项事务，其主要职责是组织本村寨生产活动，主持宗教活动，按习惯法调解群众纠纷和维护社会治安，并组织群众对抗外来侵扰。“瑶老”没有任何特权，和群众一样参加生产，如处理问题不公正可以随时被罢免，带有朴素的原始民主的性质。

作为村寨治理首领的“瑶老”，是瑶族社会生活、生产劳动中的联系纽带，在瑶族传统村寨社会治理中起着极其特殊而重要的功能。

例如，在防范应对各种社会风险方面，作为一个山地民族，瑶族的社会风险属于传统型的，一是自然灾害，主要体现在虫灾、兽灾、风灾、旱灾、水灾等；二是外族群挤压带来的压力，这些都需要集体的力量，协调集体的行为离不开“瑶老”的组织。“瑶老”在瑶族历史发展进程中始终肩负着化解来源于社会与自然风险的任务。

“瑶老”的职责也天然地与协调内部冲突、维护族群内部的有机和谐联系在一起，在维护族群内部和谐稳定发展中发挥着重要作用。因为尽管

① 陈敬胜. 明清王朝治理南岭走廊瑶族的策略研究——以湖南省江华县上伍堡平地瑶族为例[J]. 西南边疆民族研究，2016（2）：15-20.

十二姓瑶族亲如兄弟，但也不是铁板一块。笔者在湘桂交界处的平地瑶区域调研时，也发现在外族群看来是一个整体的平地瑶，内部也有区别，有的族源是过山瑶，有的是客家人，有的是民家人。族源的多元必然会导致社会、经济、文化的差异，处理不当就会引发冲突，威胁整个族群的生存。“瑶老”能有效解决族群矛盾冲突，维护其稳定。

又如，在防止瑶族人口结构失衡和促进族群发展方面，“瑶老”积极应对，规约婚姻制度，规范婚姻程序，限定通婚对象和通婚范围，有效地繁衍后代，预防人口结构失衡，使得族群绵延不绝。明清时期的平地瑶就曾经执行严格的地域内婚，“后来由于奉唐李三姓人口过多，通婚对象受限，逐步取消了同姓不婚的规定”[①]。

再如，在纠偏社会越轨行为方面，“瑶老”作为瑶族地方社会的治理精英，凭借其内生权威对偏离社会轨道的个体行为进行禁止和纠偏，有效地维护了瑶族社会秩序。中华人民共和国成立前，连南县的排瑶聚居地由瑶族人民选出的“瑶老”负责维护排瑶内部的社会秩序，调解纠纷、“开堂判案”，管理公共事务、生产活动以及宗教活动等，无论是几百还是上千人的瑶寨，他们都治理得井井有条。

三、以石牌制为自治规约

石牌制是瑶族人民（以金秀瑶族为主，金秀瑶族曾“村有铭刻，寨有石牌”）为维护瑶族社会安定、生产生活发展、族群绵延而建立起来的具有自治性质的法律制度。石牌制是一种民族习惯法，以一个或若干个村寨为单位，就防盗防贼、保护生产、婚姻聘礼、保护外来正当商人、处理纠纷等问题订立规约，并将其刻在石碑上或抄写在木板上，竖立在村头或交通要道大路旁，以便全体瑶民知晓，做到有法可依和共同遵守。通过的规

① 陈敬胜. 平地瑶的社会治理智慧及其现代意义——以湖南江华县上伍堡为例［J］. 民族论坛，2015（9）：73-76.

约称为“石牌律”，有的称为“料令”“料话”“律法”“条规”等，尽管称呼不尽相同，但都具有规范人们行为的律法条文的含义。根据参加的户数、村寨数不同，石牌分为总石牌、大石牌、小石牌。石牌是瑶老在瑶族内部实现治理的法则，凡参加订约者都要严格遵守，如有违反，要按石牌的规定处置，以实现瑶区社会自治的“善治”目的。石牌律由石牌的头人（由办事公正、有胆有识、善于言词的青年在老一辈头人培养下，逐渐树立威信而形成，一般由男子担任）执行。石牌的头人分为小石牌头人和大石牌头人（在多次排解村与村的纠纷中得到其他村寨群众的拥护，就可由小石牌头人变为大石牌头人），他们没有固定报酬，仅在处理纠纷时，得到当事人供给的饭食及一定的报酬。拟定石牌律须召开石牌大会，经过大家默认后方可成为新的石牌律。

石牌律作为瑶民的自治规约和治理法则，其主要作用在于：

一是惩罚窃贼，保护生产发展和私有财产安全。例如，对瑶民来说，香草产量有限，而其用途广泛，价格较贵，历史上一直是瑶民重要的经济收入来源，同时也是不法之徒偷窃的重要目标。保护香草、禁止偷窃也就成了石牌制度的重要内容。《六拉村三姓石牌》规定：“山中各人香草，各种各收，物各有主，不得乱扯偷。如有乱行偷扯，确有赃藏址，当场拴拿，送回业主。众村赏花银三十六元。如一人力不能拿，用炮打死亦可。”

二是维护社会治安秩序。石牌制规定“不准掘墓断脉”“不准赌博”“不许抽食鸦片”“不准打油火”“不得打屋烧屋”“请老不许食银”“入理不入亲”“不准复仇”“路中放置衣服百物不得乱取”“不准挖屋偷盗”等。例如，房屋是家产的主要物质形态，石牌制对之严加保护。《滴水、溶洞等四村石牌》就规定：“有事不得打屋，打屋犯五十两正。”

三是保护婚姻家庭关系，禁止奸淫。

四是保护山主特权。例如，规定“各人各山，各有界限”等。

五是保护行商旅客安全和维护商业贸易秩序。石牌制规定“公平交易，取物有道”“伪商实匪，决不容情”。《上下卜泉两村石牌》规定：“公平教意（交易）。”《莫村石牌》规定：“往来生意，取物有道。”《金秀、白沙等五十一村石牌》规定：“如有客（汉）、状（壮）、瑶人，生意货物买卖，价钱两边自行为准，不得争打；算数不明，位（回）计（去）村团算清。”

六是化解内部冲突和纠纷。《罗香七村石牌》规定：“若械斗，即请村上父老调处。”《六十村石牌》规定：“众石牌人，有小事大事，不得打，杀人挖屋，千祈要请老讲理。”等。此外，石牌制对防御外侮及匪盗、打击匪患、维护瑶山安宁等都有明确条文规定。

四、根植信仰体系的生态敬畏

信仰体系是一个族群共同体最稳定的知识体系，也是山地民族区域社会治理体系的关键内核。瑶族自晋代以来就在南岭走廊的山地间穿梭，山地、森林是瑶族的生命屏障与生命之源，尤其是自然资源的贫乏，迫使瑶族人民格外珍惜自然界中的一草一木，因而敬畏生态是瑶族信仰体系的核心要素。由于瑶族的日常生活信仰习俗与自然生态关系密切，他们的宗教信仰也与生态紧密相连。在瑶族的信仰中有天神、地神、山神、水神、谷神、雷神等，瑶族人民对天地神有着天然的崇拜和敬畏。“世居林区或山林边缘的瑶民在长期的生产生活中形成的添丁增口植树、拜祭树木为父母、建村立寨种树、祭神树、树葬等‘崇林祭树’习俗。”[①] 如瑶族小孩出生后，家人会为其种上几棵生命树，伴随着孩子的一生。“部分村寨的瑶民有种‘保命树’的习俗：在村子附近划定或种植一片常绿树林作为‘保命树’，谁家生了孩子，接生婆便把‘衣胞’（胎盘）埋在树下，以示孩子与树同呼吸、同命运、共成长，与树相依为命。对这片树林，人人珍

---

① 何新凤，刘代汉．瑶族崇林祭树传统习俗中的生态智慧［J］．广西民族研究，2014（1）：83-87.

爱，家家管护。”[①] 这是通过象征的手段把树的生命力赋予孩子，期望孩子像树一样茁壮成长。在深山老林里游耕，决定了瑶族与森林的不可分性。砍山、烧山、种山是他们日常劳作的常态。砍山、烧山、种山常遭遇不测，为减少风险、增加获取物资的机会，瑶族人对山充满了敬畏。每次烧山之前瑶族人都要祭拜山神，祈祷山神的护佑。狩猎是瑶族获取食物的主要来源之一，每次狩猎之前，瑶族人要祭祀山神，既祈祷遇上野兽，亦祈祷野兽不伤及自身。“瑶族《过山榜》等民间文献提到的自然神有雷霆、五谷大王、镇源大王、河神、禾花姐妹等”[②]，这些神与瑶族的农耕、畜牧、狩猎有关。在瑶族师公用书中，《开山书》《土地唱》等都与刀耕火种和狩猎有关。“千家峒的传说”里反复出现“源”“青山”等词汇，对自然森林的情怀都依稀可见。

第三节　南岭瑶族传统社会治理智慧的当代意义

纵观瑶族历史文化，瑶族传统治理智慧是瑶族历史上最具特色的部分，体现在以“瑶老制”为关键制度和社会组织、突出精英治理村寨、以石牌制为自治规约、注重公众参与、强化生态敬畏的信仰体系建设等诸多方面，在族群认同、国家认同、矛盾化解、风险防范、维系族群完整、维持祖国边疆和谐稳定、保护生态环境等方面发挥了重要的作用。尽管“瑶老制”“石牌律”“神灵崇拜”等在历史长河中已成过眼云烟，但其中蕴含的治理智慧至今仍有其合理的、可借鉴的元素。

一、合理利用“瑶老制”治理智慧

“瑶老制”是瑶族诸多优秀文化的核心组成部分之一。作为一个社会

① 何新凤，刘代汉．瑶族崇林祭树传统习俗中的生态智慧［J］．广西民族研究，2014（1）：83-87.

② 奉恒高．瑶族通史［M］．北京：民族出版社，2007.

组织，“瑶老制”失去了存在的社会基础，已经退出了历史舞台，但其对瑶族社会治理的影响力并未立即消失，很长一段时间还在瑶族社区有着深刻的影响。瑶族人民对日常生活中遇到的事情，仍然会去向那些历史上的“瑶老”或者“瑶老”的后人，甚至他们心目中的“瑶老”咨询，并自觉服从他们的安排。这种对“瑶老”的依赖性依稀可见。作为瑶族社会普遍存在的关键制度和社会组织，“瑶老制”也是最具瑶族特色的历史文化。作为一套内生秩序系统，“瑶老制”带有朴素的原始民主特质，曾在维护瑶族社会内部秩序和稳定、化解族群内矛盾纠纷、应对内外社会风险、有效发展生产生活方面发挥着重大作用，对新时代民族区域社会治理仍具有积极的借鉴意义。我们应辩证汲取“瑶老制”等瑶族传统社会组织功能，使其成为乡村治理中基层政府治理的有效补充，成为新时代乡村法治、自治、德治的有效平台。例如，地处粤北的排瑶聚居地连南县，中华人民共和国成立前，由瑶族民众选出来的“瑶老”管理，经过长期发展形成的“瑶老制”是排瑶人民一直尊崇的一套比较系统的社会管理制度。近年来，连南县在总结民族地区治理模式和经验的基础上，找准瑶族优秀传统文化与新时期社会治理的结合点，大力吸收少数民族传统的、乡土的和多元文化治理资源的积极因素，传承历史精髓，构建了“党组织+瑶老制+先生公”新型基层治理模式，建立了具有连南县特色的“瑶老”调解矛盾纠纷机制，将“瑶老”“先生公”群体与时代融合，让“瑶老”“先生公”听党话跟党走，成为良好风尚的传播者、公共事业的引导者、矛盾纠纷的调处者、基层自治的推动者，在基层治理中发挥“瑶老”“先生公”的更大作用，是完善民族地区基层自治体系及其治理机制的有益尝试，富有地方特色和时代精神，产生了良好效果。

二、辩证借鉴“瑶老”塑造新乡贤群体

作为治理主体的“瑶老”主要是瑶族的文化人和族群精英，他们在文

化传承、族群延续、宗教祭祀方面发挥着主导性作用，主要依靠个人累积起来的权威进行基层治理。作为乡村新的治理主体，新乡贤在我国广大乡村的乡村振兴中发挥了越来越重要的作用。据调查，在瑶族居住较为集中的南岭走廊瑶族村寨，新乡贤参与社会治理已蔚然成风。在新时代，新乡贤在瑶族村寨扮演的角色主要是推动社会经济发展，推动乡村治理走向善治，进而实现乡村振兴的目标。因此，我们应合理转化和引导“瑶老”等传统社会治理主体，将其纳入国家基层干部队伍建设和新乡贤队伍建设，使其成为振兴与治理新时代乡村的体现时代特质的社会治理先进主体。

在我们看来，瑶族村寨新乡贤可以对历史上的“瑶老”蕴含的社会治理智慧进行创新性发展，赋予其时代内涵，这既是对历史的尊重，符合历史唯物主义的思想精髓，也是对历史上优秀传统文化的自觉。首先，新时代新乡贤应充分吸收“瑶老”无私奉献的品质，塑造良好的公共形象。其次，新时代新乡贤应充分吸收传统“瑶老”生态治理智慧。生态宜居是乡村振兴的目标指向之一。瑶族村寨植被良好，山清水秀，南岭瑶山是长江、湘江、赣江、珠江等水系的源头。“瑶老”在历史上积累了丰富的生态治理智慧，这些智慧对我们建设生态宜居的乡村有着积极意义。其次，新时代新乡贤应吸收“瑶老”的社会网络治理智慧。“瑶老”治理的手段之一是亲属网络治理，诚然这与瑶族村寨的共同体性质有关，在一起居住的瑶族群体聚合性强，只要是十二姓瑶族，都被视为一家人。他们通过包括婚姻在内的社会交换使自己变成一个利益共享、风险共担的熟人社会。这种建立于社会共同体基础上的社会网络治理对我们的乡村治理具有启迪性，促使我们思考如何通过社会组织的培育让每一个社会成员找到归宿，成为社会网络中的一个点。再次，新时代新乡贤应吸收“瑶老制”的“德治”与“自治”思想。“瑶老”在治理瑶族社会时，一方面注重“德治”，即传统文化治理。“杉村排瑶社会治理转型的过程表明，无论其治理模式如何转变，传统民族文化均不应是被笼统排斥的‘非理性主义’文化。”[①]另一方面，“瑶老”也强调“自治”。“瑶老”统治集魅力型与传统型统治于一体，“瑶老”实质上就是瑶族的道德楷模，在“知”与“行”上都是瑶族民众的典范，依靠个人的道德为瑶族社会的治理树立起旗杆。在瑶族内部，“瑶老”依靠人格魅力、道德吸引力在瑶族社会中实施治理并在皇朝律例的允许范围内进行“自治”。“瑶老”这种兼顾“德治”与“自治”的思想，有助于拓宽我们的治理思维。最后，新时代新乡贤应吸收“瑶老”的综合治理智慧。“瑶老”作为瑶族地方社会自然形成的社会组织和地方领袖，作用是多元的，既是瑶族社会司法的仲裁者与执行者，也是各方利益平衡的协调者，还是地方族群社会利益的忠实代言者。“瑶老”集民族文化传承、生产生活组织、宗教信仰、社会秩序维护、风险防范于一身，涵盖了经济、司法、社会、文化、道德等诸多方面，是综合治理的典范。因此，在新时代的乡村治理中，我们亦可借鉴之。

三、科学转化瑶族传统石牌制和习惯法

作为一种法律制度和社会组织，瑶族石牌制也是一种社区管理制度，具有政治功能、经济功能和社会功能。作为瑶民的自治规约和治理法则，石牌律和习惯法在惩罚窃贼，保护生产生活发展和私有财产安全，维护社会治安、秩序，保护婚姻关系和家庭伦理，保护山主特权，保护行商旅客安全和维护商业贸易秩序，防御外侮及匪盗、打击匪患、维护瑶山安宁以及实现瑶区社会自治等方面，发挥着极其重要的效用。

以六巷花篮瑶为例，花篮瑶分布在广袤的深山老林之中，石牌是他们为了维护当地的社会治安，实现自我教育、自我约束，根据本村的实际情况和村民生产、生活的需要，经过民主协商而制定出来的，体现着全体村民的意志，很容易得到村民的普遍遵从。笔者在六巷花篮瑶田野调查中发

---

① 谭同学. 粤北杉村排瑶社会治理转型研究［J］. 民族研究，2013（4）：50-60.

现，在国家权力进入之前，基于其地理位置、社会环境、民族文化、风俗习惯、宗教信仰等条件形成的传统社会自理结构，特别是代表本族法律形式的石牌制，有着鲜明的民族特色，它与国家法、民族区域自治法、民族自治地方自治条例一起构成六巷花篮瑶的法治文化体系。尤其是其新石牌是在以家庭为单位的基础上产生的，与当时的六巷村实际情况相符，在立法过程中村民的参与性也很强，具有直接的民意基础，村民更容易接受和遵从。尽管现在石牌制已经衰落，但它的制定、实施对我国山地民族地区的法制建设都有着重要的借鉴意义。因此，在新的历史条件下，石牌制以及习惯法仍有其存在的必要性和可能性，通过创造性转化还可以为现代乡村治理服务。我们应立足新时代对石牌制、习惯法等瑶族治理“法典”进行修改，赋予现代法治元素与精神，经民主法定程序转化为新时代乡规民约和民族习惯法。

总之，瑶族作为南方古老的山地民族之一，历史上在南岭走廊的山区中不断迁徙，游离于行政的边缘，以求自保。瑶族在社会治理实践中积累了丰富多元的社会治理智慧，可以为当代乡村治理提供有益借鉴，以服务于新时代瑶族社会治理和乡村振兴。

第五章　从“瑶老”到新乡贤：瑶族村寨治理智慧创新性发展的思考

党的十九大报告中，习近平总书记提出“乡村振兴”战略。乡村振兴战略有五个要求，其中之一是“治理有效”，其核心要义便是乡村社会良性运行与可持续发展，乡村社会的人与人、人与自然、人与社会都得到均衡协调发展。瑶族是个具有悠久历史的山地民族，形成于晋代，“零陵、衡阳等郡有莫徭蛮者，依山险而居，历政不宾服”，至今已有1 000余年的历史。作为一个迁徙性民族，瑶族在民族形成与发展过程中，大多数时间都在南岭走廊的山区间往返移动，形成了“南岭无山不有瑶”的分布格局。一个族群历经千年而能绵延，与其在迁徙过程中形成的社会治理智慧有关。这种治理智慧，涉及社会治理的主体、治理的对象、治理的制度等一系列治理体系。在迈入现代社会之前，瑶族的治理主体主要是“瑶老”。“治理瑶族传统社会组织的关键制度，是瑶老制。”① 沈晓珊和张欣（2017）把“瑶老”制视为瑶族内部的一套内生秩序系统，并探讨了“瑶老制”在传承瑶族传统文化中的价值。张有隽（2007）就“瑶老”的任职资格在广西十万大山山子瑶中进行了社会调查。李琴（2007）在调研湘南桂北平地瑶的社会组织时，阐述了“瑶老制”在传统瑶族社会中发挥的价值功能，对其现代意义进行了探索。谢剑（1993）依据在连南排瑶区域的

---

① 奉恒高．瑶族通史料［M］．北京：民族出版社，2007.

田野调查对“瑶老”在瑶族社会中的治理功能及职责进行了分析。谭同学（2013）从转型期瑶族治理的变迁视野梳理了“瑶老”在瑶族传统社会治理中的角色。

已有的文献注重于从历史文献学的角度，思考“瑶老制”形成的原因及历史意义。虽然李琴、谢剑谈到了“瑶老制”在瑶族传统社会治理中发挥的功能，但缺乏历史唯物主义的思辨，对“瑶老制”在当下瑶族村寨乡村治理中的历史价值重视不够。“瑶老制”作为一种社会治理主体，服务于地方社会，属于地方性智慧。这种地方性智慧，对现代瑶族村寨治理有什么借鉴意义？不忘本来，面向未来，如何赋予瑶族村寨治理智慧时代内涵，实现创新性发展是本书关注的核心问题之一。南岭民族走廊湘南、粤北、桂东是瑶族分布最为集中的区域，在梳理历史文献的基础上，我们利用在田野调查中获得的资料，将“瑶老制”与瑶族村寨兴起的新乡贤群体进行类比，沟通两者内在的关联性，探讨实现“瑶老制”治理智慧创新性发展的可能，服务于南岭瑶族的社会治理和乡村振兴。

第一节　在动态平衡中治理社区

依据历史文献、田野调查资料以及借鉴其他学者的研究成果，我们认为“瑶老制”在传统瑶族社区治理过程中的主要职能是治理村寨，确保瑶族村寨保持动态平衡，实现良性发展与协调运行。具体而言，“瑶老制”在以下几个方面发挥了积极作用：

一、维系人与自然资源的平衡

“刀耕火种，食尽一山，则移一山”形象地说明了瑶族居住空间自然资源的贫瘠。瑶族传统的耕作方式不是平原地区的汉族的那种“内卷化”的耕作模式，而是一种粗放式的“刀耕火种”模式。“一处山林烧垦后，头年种旱禾，第二年种玉米，第三年种木薯和红薯、芋头。三年后土地肥力丧失，即抛荒另觅新地”[①]。“刀耕火种”的制度看起来有些浪费资源，实则巧妙地利用自然界自我循环的规律使土地资源获得休息。抛荒土地并非放弃土地，而是等待土地肥力自我恢复后再次回到原地循环利用资源。自然资源的贫瘠迫使瑶族格外珍惜自然界中的一草一木，与自然资源维系动态平衡。在瑶族村寨，人出生的时候长者给他种一棵“生命树”，伴随着一个个生命的历程。在瑶族的信仰体系里，14 岁以下的男孩和女孩都是一朵需要精心呵护的红花或白花。当一个孩子生病的时候，病因就是他的“生命之花”缺乏营养，则需要请法师做一个“送花园”的仪式，为生病的孩子增添营养。狩猎是瑶族获取食物的主要来源之一，瑶族有个习俗，不允许射杀怀孕和幼稚的动物，如有猎获必须放生，否则会遭受舆论的严厉谴责。

二、防范应对各种社会风险

社会风险伴随着人类社会的始终。作为一个山地民族，瑶族的社会风险属于传统型的，一是自然灾害，二是外族群挤压带来的压力。自然灾害体现在虫灾、兽灾、风灾、旱灾、水灾等。有的自然灾害可以预防，如虫灾和兽灾。在生产生活实践中，瑶族创造了一套预防虫灾、兽灾的地方性智慧，如火攻、敲梆子等，但都需要集体的力量，否则极易造成不测。协调集体的行为离不开“瑶老”的组织。对于地质类自然灾害，如山体滑坡、土地石化等，瑶族人民只能凭经验预测，但无法控制，灾害发生后也习以为常。社会类的灾害主要是源于外在族群的挤压。在瑶族居住的区域，还有苗族、客家人、民家人等。为了争夺有限的自然资源，这些族群之间经常争夺资源，加上“强人”（强盗）的出没，都给瑶族群众带来了威胁。一定程度上化解来源于社会与自然风险的任务自然落在了“瑶老”肩上。

---

① 奉恒高. 瑶族通史［M］. 北京：民族出版社，2007.

三、维护族群内部的有机和谐

外在的社会风险处理不当会导致一个社区共同体的瓦解。族群内部的不和谐带来的是族群内部的动荡。十二姓瑶族亲如兄弟，但也不是铁板一块。费孝通先生 1935 年在广西大瑶山调查时，发现金秀瑶山的瑶族内部有坳瑶、山子瑶等 5 个支系，各个支系之间界限分明。我们在湘桂交界处的平地瑶区域调研时，也发现在外族群看来是一个整体的平地瑶，内部也有区别，有的族源是过山瑶，有的是客家人，有的是民家人。族源的多元必然会导致社会、经济、文化的差异，处理不当就会引发冲突，威胁整个族群的生存。“瑶老”的职责天然地与协调内部冲突、维护族群内部的有机和谐联系在一起。具体而言，“瑶老”有如下职责：

（一）规约婚姻制度

人口要素是一个社会共同体的核心，人口能否得到有效繁衍影响到族群绵延。因此，限定通婚对象、通婚范围，规范婚姻程序成了“瑶老”的应尽之责。明清时期的平地瑶曾经执行严格的地域内婚，“后来由于奉唐李三姓人口过多，通婚对象受限，逐步取消了同姓不婚的规定”[①]。清中叶以来，社会矛盾突出，瑶族的生活日益艰难，一定范围内出现过“溺女婴”的现象，导致了人口结构的失衡，面对这种情形，瑶老做出了积极的应对。

（二）纠偏社会越轨行为

人有多重属性，其中生物属性是核心属性之一。为满足生物属性需要，生命个体要努力去获取物质能量。当获取物质的手段超出社会许可范围之后，该行为就是越轨行为。越轨行为对社会秩序的破坏性不言而喻，对此类行为不进行禁止和纠偏，一个社会就将陷入窘境甚至混乱。“瑶老”

---

① 陈敬胜．平地瑶的社会治理智慧及其现代意义——以湖南江华县上伍堡为例［J］．民族论坛，2015（9）：73-76.

作为瑶族地方社会的精英，凭借其内生权威对偏离社会轨道的个体行为进行纠偏。

（三）规范社会交换秩序

人生而能群，没有哪一个生命个体可以离开社会互动而完成社会化，人在进行交往过程中需要遵守一定的规则和秩序。个体生命需求具有多样性，经常会给社会秩序带来挑战。按照霍布斯等社会交换理论学者的研究，人都是理性的，按照规避惩罚和追求利益最大化的原则进行交换。假使瑶族社区的社会秩序遭受破坏，社区的可持续发展将不复存在。作为地方族群的实际治理主体，“瑶老”理所当然把重心放在社会交换秩序的维护上。

（四）实施民族文化传承

文化是一个民族的根与魂。大多数“瑶老”本身就是瑶族的文化精英，熟悉本民族的历史文化，对地方性知识也是诵记于心。在瑶族村寨，地方性宗教既是瑶族文化的活化石，也是一种生产力，当依靠人自身的力量无法战胜自然时，瑶族就创造一种精神力量来与自然抗争。在此抗争过程中，瑶族创造了多姿多彩的文化，如长鼓舞、盘王大歌等。“瑶老”是瑶族文化精英的代表，他们是瑶族文化的传承者、解释者、传播者。为本民族传承优秀文化，为族群制定文化法则也是“瑶老”的重要职责。

第二节 新乡贤：瑶族社会治理的新主体

乡贤作为社会治理的主体，早已存在于中国乡村。“新乡贤”作为一个热门词汇，近年才为大家所熟悉。作为乡村新的治理主体，新乡贤在广大乡村的乡村振兴中发挥着越来越重要的作用。与其他村寨一样，瑶族村寨也涌现出了一批新乡贤。据我们调查，在瑶族居住较为集中的南岭走廊瑶族村寨，新乡贤参与社会治理已蔚然成风。

一、新乡贤的类型

作为一个新的研究领域，新乡贤的相关成果不算多，已有的研究主要集中在新乡贤的定义、类型以及作用上。新乡贤按照身份来源可分为两种类型：一是外来的，二是本土的。瑶族村寨外来的新乡贤主要有二：一为各级政府部门派驻的扶贫队员。瑶族村寨大多远离中心城市，资源贫乏，交通不便，多数为贫困村寨。国家实施精准扶贫政策以来，瑶族村寨大多被识别为精准扶贫村，国家派驻了第一书记和驻村工作组。这些外来的扶贫队员，有特殊的政府背景，社会资源丰富，能给村里带来大量的社会资本及各类项目，加上不享受村里的收益分配，在群众中具有较高的权威，把握着话语权，受到群众的爱戴与拥护，从而成为瑶族村寨的新乡贤。二为外来的企业家。瑶族村寨普遍拥有良好的生态环境，为发展生态旅游和现代高科技农业产业提供了基础。因此吸引了一批外来的企业家到瑶族村寨通过整合社区资产的方式参与乡村振兴和精准扶贫，其中又以生态养殖为龙头的现代农业企业最为突出。有的已经发展成为地方性知名品牌，如郴州仰天湖瑶族乡的“高山荷花鱼”、莽山瑶族乡的“莽山黑豚”。这些企业家大多具有乡土人文情怀，不以追求利益最大化为导向，在乡村建设中起到了引领作用，进而成为瑶族民众中实至名归的新乡贤。

除了外来的新乡贤之外，瑶族村寨还涌现了一批本土乡贤。概括起来，本土乡贤也有两种类型：一是基层组织的负责人。部分留守乡土的精英对本土文化、自然资源较为熟知，这些人对本民族有天然的亲和力，在他们的骨子里，瑶族是一个共同体，是一个利益攸关的共同体。他们通过组织程序成为村支“两委”领导后，工作起来格外卖力，以此成为历史上“瑶老”那样的地方精英，事实上有些瑶族村寨的村组干部，本身就是“瑶老”的后裔。二是经济精英。20 世纪 90 年代后，原来静止封闭的瑶山迅速与外在世界连接起来，劳动力不断外流，随着年纪的增加以及本土政策红利吸引，部分瑶族外出务工人员选择回乡创业。在湘南汝城县瑶族村寨调查期间，我们发现有些瑶族村民利用瑶族村寨具有茶叶种植的历史、茶叶品种的多样化以及茶叶加工的技术，开办起了茶叶工作坊。仅旱塘瑶族村就兴起了 20 多家茶叶加工厂，其中年产值超过 200 万元的加工厂有 3 家。这些加工厂在化解本土茶叶销售难瓶颈问题的同时，也在一定程度上为本土劳动力就业提供了机会。进而，这些返乡的瑶族务工人员凭借个人的实干与乡亲们的骨肉情怀成为瑶族群众心目中的新乡贤。

二、新乡贤的角色扮演

能成为瑶族村寨的新乡贤除了个人财富、社会地位外，更多的还是依靠自身的道德品质。在新时代，新乡贤在瑶族村寨扮演的角色主要是推动社会经济发展，推动乡村治理走向善治，进而实现乡村振兴的目标。

（一）助推经济发展

新乡贤群体兴起的背景是乡村社会经济发展，某种程度说也是乡村振兴的必然结果。不管是外来的新乡贤还是本土的新乡贤，他们都自觉把乡村经济发展作为首要目标。他们也正是在利用本土资源，组织村民在发展经济的过程中成功转型为新乡贤。"产业兴旺"是乡村振兴的要求之一。一方面，瑶族村寨受土地资源和自然条件的限制，产业结构单一，以林副业为主，比较效益差，制约着瑶族村寨的可持续发展。另一方面，瑶族村寨生态环境良好，具有发展生态农业和文化旅游产业得天独厚的优势。新乡贤群体之所以得到村民的认可，这跟他们始终遵循自然资源的可持续利用原则，立足于三次产业有机融合，坚持走安全食品生产的路线分不开。例如，莽山土里巴吉生态农业有限公司利用自己的技术优势，以古法放牧为要义发展林下经济，以此带动第三产业的可持续发展。江永县兰溪瑶族乡勾蓝瑶村寨利用独有的民瑶文化及独到的民族建筑发展文化旅游。

（二）参与社会治理

乡村社会有效治理是实现乡村振兴的关键。乡村治理过程中存在的问题之一是治理体系不完善，治理能力现代化不够。治理体系不完善，集中体现在社会组织缺乏、社会组织培养能力不足。新乡贤利用自己的影响力培育社会组织，为社会治理提供组织保障。例如，莽山黑豚跳石子公司的核心骨干发起成立了郴州市好人协会，以此团结了一批社会有识人士，为弘扬优良道德文化，构建和谐乡村提供了支持。发展产业过程中离不开经济合作组织的参与，几乎所有有精准扶贫任务的湘南瑶族村寨，都成立了各种各样的合作社，涵盖农业生产的各个利益链条，经济合作社对入社成员有一定的约束力，这种约束力对于社会治理有着积极的作用。

（三）挖掘优秀传统文化

中国历史上有着“皇权不下乡”的习俗，县以下主要依赖乡贤实现自治。乡贤在某种程度而言也是一种文化符号，既是民族文化的实际拥有者、解释者也是民族文化的象征。新乡贤虽然身份不一，但都对民族优秀传统文化充满敬意。事实上新乡贤不管是发展产业还是参与社会治理，都没有离开地域文化的支持。因此，新乡贤也较为重视地方传统文化的挖掘整理。例如，汝城县旱塘村在打造茶文化特色村寨的时候，就充分融合了瑶族文化元素。莽山瑶族乡跳石子瑶寨的新乡贤为传承瑶族文化，开办了农耕学堂，复活了只在老年人记忆中的瑶族传统文化。

第三节　本章小结

瑶族是南方古老的山地民族之一，历史上其在南岭走廊的山区不断迁徙，在实践中积累了丰富多元的社会治理智慧，这也是瑶族得以历经各种劫难而得以存活的要素。“瑶老制”在协调瑶族内部的资源分配、保持利益关系平衡、防范风险与处理矛盾纠纷、凝聚族群力量中具有核心作用。“瑶老”犹如一座桥梁，沟通了族群内外，为族群的社会治理创造了条件，“瑶老”的社会治理智慧对于新时代的瑶族乡村治理乃至南方山地民族的治理具有借鉴意义。作为特殊的社会治理主体，新乡贤在瑶族社会治理中发挥的作用日益明显。瑶族村寨的新乡贤与瑶族历史上形成的“瑶老”具有某种程度上的耦合性，为不同时期的社会治理主体。李琴等人看到了“瑶老制”在瑶族社会治理中的价值，陈敬胜在讨论平地瑶的社会治理智慧时，对其当代意义做出了思考。但已有研究对“瑶老”与新乡贤之间的历史逻辑没有做出辨析，“瑶老”与新乡贤有着历史文化上的某种耦合性。在新时代瑶族的乡村振兴中，我们需要将两者置放于当下历史语境中进行辩证考量，寻找其内在的逻辑联系，将“瑶老”的治理智慧与新乡贤的时代特质有机连接起来，服务于瑶族的社会治理和乡村振兴。

瑶族的社会治理智慧丰富多元、自成体系，对构建乡村治理体系、提升治理能力的现代化具有历史价值。“瑶老制”的治理智慧，只是瑶族传统治理智慧的组成部分，对于瑶族的传统治理智慧需要多学科介入，跨学科研究，这也是我们今后努力达成的目标。

第六章 瑶族生态智慧对新时代美丽乡村建设的价值

瑶族自晋代以来就在南岭走廊的山地间穿梭，在迁徙中形成了“南岭无山不有瑶”的历史分布。作为南岭走廊的居民，瑶族除了留下绿意盎然的生态屏障外，还有蕴藏于日常生产生活实践和地方性信仰中的生态智慧。徐益棠、费孝通、杨成志等老一辈人类学者在瑶山调查时关注的重点是瑶族社会组织、历史文化，但在他们的调查报告中也涉及了瑶族的生态知识。进入21世纪后，生态危机频现，瑶族的生态智慧得到了学者们的关注。

安丰军（2011）在分析瑶族林木生态伦理思想时指出：“它对推动西南民族地区和谐社会建设，实现民族地区经济社会的可持续发展具有重要意义，对解决目前人类所面临的生态环境问题也具有重要的启迪作用。”[①] 瑶山生存条件恶劣，多自然灾害。马军（2012）看到了瑶族生态智慧在抗灾减灾中的功能。“瑶族传统文化中所蕴含的生态知识与减灾理念，无疑完全可以、也必将为瑶区社会、经济、文化的均衡和持续发展，以及实现人与自然的和谐统一做出自己独特的贡献。”[②] 山地、森林是瑶族的生命屏

---

① 安丰军．瑶族林木生态伦理思想探析［J］．广西民族大学学报（哲学社会科学版），2011（6）：107-111.

② 马军．瑶族传统文化中的生态知识与减灾［J］．云南民族大学学报（哲学社会科学版），2012（2）：32-35.

障与生命之源，瑶族对山场有天然的亲和力和识别力。洪克强（2016）认为，“粤北过山瑶和排瑶的传统文化，蕴含着尊重他者的‘客民’意识、崇尚‘和合’的共生期盼、眷恋故园的返乡情结”[①]。作为地方性知识，瑶族生态智慧在生产实践中形成了自己的社会文化法则。刘智训（2016）用广西恭城瑶族的“长山”制度对物权法和环境治理的价值进行了研究。“这一制度的主要功能便是确认作为集体财产的长山之权属，保护长山的资源与环境、传承民族内部的契约精神。”[②] 信仰体系是一个族群共同体最稳定的知识体系。何新凤、刘代汉（2014）“通过资料收集和整理，梳理了世居林区或山林边缘的瑶民在长期的生产生活中形成的添丁增口植树、拜祭树木为父母、建村立寨种树、祭神树、树葬等‘崇林祭树’习俗”[③]。

上述研究虽然涉及了瑶族的生态智慧，但都流于碎片化，没有对瑶族的生态智慧进行整体性梳理，对瑶族生态智慧历史价值认识不足，尤其是没有与当下开展得如火如荼的美丽乡村建设结合起来，对瑶族生态智慧的历史价值关照不足。

我们运用南岭走廊瑶族村寨的田野调查资料，将瑶族的生态智慧置于瑶族日常生产生活中，挖掘其历史价值，服务于新时代的美丽乡村建设乃至乡村振兴。

第一节 瑶族生态智慧的体系

瑶族生态治理智慧散见于历史文献及学术界同仁的真知灼见，我们可以从生产方式、人地关系以及信仰体系等几个方面进行提炼。

---

① 洪克强. 粤北瑶族文化中的生态精神及其启示［J］. 广东技术师范学院学报，2016（7）：17-23.

② 刘训智. 广西恭城瑶族习惯法中的长山制度研究［J］. 广西民族研究，2016（2）：106-113.

③ 何新凤，刘代汉. 瑶族崇林祭树传统习俗中的生态智慧［J］. 广西民族研究，2014（1）：83；87.

一、生产方式的自然化

生态智慧作为地方性知识来源于生产生活实践，是对生产生活实践历史经验的提炼与总结。考察瑶族的生态智慧，一个较好的角度无疑就是日常生产生活实践。有学者把瑶族定居之前的生产方式概括为“游耕”，把其定居之后的生产方式总结为“调耕”，这具有一定的合理性。作为南方山地民族，瑶族的生命依托是山与森林，他们的生态智慧自然也与山的开发、森林的利用联系在一起。

（一）“刀耕火种”的生产方式蕴含的生态智慧

瑶族的迁徙属性及其所处南岭山区的地理空间决定了他们的生计模式，只能是以“烧畲”为主体的“刀耕火种”耕作方式。人们对“刀耕火种”的生计方式颇有微词，认为破坏了生态环境，是落后的耕作方式，对农业生态破坏极大。根据人类学者的调查，事实并非如此。“刀耕火种的经济效益和生态效益是一个历史概念，历史上在人口压力不大的条件下的经典的砍烧制刀耕火种并不会造成水土流失，且产出很高。”① 其部分原因在于“烧畲”的山场有选择性，瑶族对山场的地方性知识丰富，他们只选择土层较厚的山场坡地进行“烧畲”。对于岩石上的草木则不会去触动，任其自由生长为动植物的乐园，达到涵养水土的目的。“刀耕火种”的范围都是些在25度左右的坡地。每次烧的山地在10~20亩，不会破坏整体环境。“刀耕火种”的周期一般是10年左右。从第三年开始，土地肥力下降之时，瑶族群众就有意识地插种些桐油树、杉树，在播种旱稻、红薯、玉米等的同时又进行套种其他黄豆、绿豆等豆科作物，平衡土地系统。

（二）动植物复合养殖的生态智慧

除了“烧畲”外，瑶族在水源地附近还开辟有小块水田。由于日照时

---

① 蓝勇.“刀耕火种”重评——兼论经济史研究内容和方法［J］. 学术研究，2000（1）：99-104.

间短、昼夜温差大，瑶族的水田只能耕种一季冷水稻谷。这种冷水谷，稻杆高达1.5米左右，生长周期在200天左右。智慧的瑶族群众为充分利用水田，在耕作实践中把水田变成了生态湿地，利用冷水稻谷杆高、周期长的特点放养鱼苗，培育了高山禾花鱼。禾花鱼的主要食物是水田里的浮游动植物，也吃散落于水田里的禾花，禾花鱼的粪便成了冷水稻谷的肥料。植物与动物复合养殖的类型还有鸡与茶叶的复合养殖。瑶山湿气重，茶叶既解渴亦能缓解湿气，瑶族几乎每家每户都有自己的茶叶地。瑶族的茶叶种植不用捉虫和施肥，完全呈现自然生长状态。瑶族通过茶叶地养鸡的形式实现防治虫子、锄草、施肥的目的。茶叶地里的草和虫子是鸡的食料，鸡吃草和虫子，为茶叶的自然生长提供了条件，同时鸡的粪便热量高，又是茶叶树极好的肥料。这种复合养殖的方式不仅使茶叶的品质好，所养之鸡也是优质品。瑶族的生态智慧，由此可见一斑。

（三）林粮间种的生态智慧

"'林粮间作'就是村民在刀耕火种时既造林，又种农作物的耕作方法。"[①] 瑶族"烧畲"之地，主要用包有铁尖的木棍打洞种植旱稻以及红薯、黄豆、玉米农作物。畲地在耕种两三年之后，肥力开始下降，此时为提高土地的利用率，瑶族就开始在畲地里间种杉树、桐油树等。撂荒畲地后，所栽之树长成幼树，再过几年又可重新回到原地开始新一轮的"刀耕火种"。此外，瑶族还有农作物之间的套种，如玉米与花生套种，黄豆与玉米套种，红薯梗上插种绿豆。

（四）猪鸡混养模式的生态智慧

瑶族通过间种、套种、轮耕、休耕等方式对土地山场的利用达到了最大化，尽显了民族生态智慧，即尊重自然，顺应自然，尽量不触动自然。他们对待植物如此，对待豢养的动物也一样。猪吃鸡，是应然之事，但瑶族却流

---

① 吴声军，李晓明. 南岭过山瑶传统生计方式探析——以富川瑶族自治县枫木坪为例［J］. 贺州学院学报，2011（2）：31-34.

行猪鸡混养。这种混养模式改变了我们对猪和鸡的固有看法。在大多数人看来猪是肮脏的，不讲究卫生，但瑶族却对猪实行放养，不怕它乱跑和弄脏周边环境。“莽山黑豚之父”何勇先生揭开了瑶族猪鸡混养的秘密。

“猪是讲究卫生的，猪往往不会在猪圈附近大小便，总去距离猪圈20米开外的地方大小便。猪鸡混养是一个自闭环系统，猪吃鸡是事实，但猪吃的是弱小的鸡，能飞的鸡猪吃不了，这样就倒逼鸡回复本性，不断练习飞。而鸡经常站在猪的背脊上，吃猪身上的虫子，有利于猪的健康及舒适度。猪的粪便经过两三天自然发酵变成鸡的美食，不会影响环境。”（材料来源于2017年6月20日在王仙岭生态公园对何勇先生的访谈。）

何勇先生的解读让我们对瑶族猪鸡混养的生态智慧有了彻悟，也对瑶族的生态智慧充满了敬意。

二、人地关系的均衡化

游牧民族有逐水草而居的习俗，而瑶族则是逐山场而居。每到一个地方，瑶族先寻找一片植被较好的山地，然后进行“烧畲”耕作，几年后放弃，重新寻找新的地理空间，大约十年左右重新回到原来的迁徙地。在迁徙过程中，瑶族形成了合理独特的人地观。这种人地关系集中体现在婚姻制度、人口控制、生产生活设施的利用上。

民国时期著名的人口学家陈达把人地之间的和谐关系作为人口出生率的指标，强调人口数量与生物承载力相一致的重要性。瑶族控制人口出生率和人口总量的地方性智慧与陈达的主张类似。瑶族尤其是过山瑶，几乎每家都是生一男一女，并形成了嫁男留女的“入赘”的婚嫁习俗。大多数学者把瑶族这种“嫁男”习俗视为母系制度的文化遗存。其实不然，婚姻作为一种社会制度，其来源要么是自然形成的，要么就是人为设计的。在“人民少虫兽多，人民不能胜虫蛇”的时代，瑶族接受汉文化的机会甚少，人为设计一套婚姻制度不现实，这种婚姻制度的形成，只能是与瑶族生态环境相适应的历史产物。母体是生命之源，留住了女性就是留住了族群繁衍的希望。瑶族的“入赘”对象，不局限于瑶族，苗族、客家人和民家人皆可。我们在南岭走廊瑶族村落调研时，经常发现一些客家人到瑶族“入赘”的例子。瑶族的“入赘”习俗只要对方尊重瑶族习俗，所生第一个孩子随母姓即可。因此，我们觉得这种婚姻制度是人地关系均衡化的表现。

人地关系的均衡化，不仅体现在婚姻制度上，还体现在建筑和生产设施上。过山瑶的建筑很少占据一整块空地，一是因为瑶族居住的空间有限，少有平地；二是因为即便有少许平地也会留下来作为耕地。瑶族的建筑很简单，大多找个平缓的坡地，一半平整为平地后，另一半依据地势的高低错落锯成柱头，再用木板铺成平面，以此为基础搭建住房，下层用于堆放杂物、关牲畜，上层住人，此谓吊脚楼。吊脚楼是瑶族的传统建筑之一，在瑶族社区还有一种建筑——“冲墙屋”。这种房屋的原料就是当地的泥、瘪谷子和稻草。

在费孝通等老一代人类学家的调查报告中我们经常读到瑶山的水车、水流舂米车以及各式用竹子做成的引水管道等。从水源地引水的距离往往在1 000~2 000 米，瑶族居民每隔几百米会挖一个蓄水池，利用泥沙自然的重量过滤水中的杂质，达到净化水质的目的。灌溉用的水车、舂米用的水力车等日常生活设施几乎都是非常精致的，因地就势而建，与自然融为一体。

在森林山场的利用上也体现了瑶族人地关系均衡和谐的理念。水是人类的生命之源，森林是瑶族的生命摇篮。瑶族对山场有着天然的地方性知识。对山场的区分，各支系瑶族不一样，相同之处是都把山场依据功能和所有权进行分类。就功能使用来说，瑶族依据其用途对山场进行分类，“将林地划分为薪炭林区、幼林保护区、造林区、开垦区、封山育林区、牧牛区、山火危险区、防火区、积肥区等不同的功能区，对各区域分别采取不同的管护手段”①。

就所有权而言，森林山场分为每家每户所有、一姓所有、集体所有等。

① 马军．瑶族传统文化中的生态知识与减灾［J］．云南民族大学学报（哲学社会科学版），2012（2）：32-35.

划分的依据是居住地，距离居住地较近的，就开辟成一个菜园子，种点家用蔬菜，远一点的就划分为放牛山和公墓山，再远一些的则归集体所有。

三、信仰体系的生态化

瑶族作为一个共同体，离不开人口、生态、集体意识要素，其中生态是基础，生态承载力决定了人口制度，人口与环境的适应产生了集体意识。集体意识有等级之分，形而下部分以制度的形式制约着人们的日常行为，形而上部分成为宗教信仰体系的元素。因此，瑶族的生态智慧在信仰体系中有或明或暗的体现。

瑶族的日常生活信仰习俗与自然关系密切，瑶族的宗教信仰也与生态环境相连。在深山老林里游耕，决定了瑶族与森林的不可分性。砍山、烧山、种山是他们日常劳作的常态。砍山、烧山、种山常遭遇不测，为减少风险、增加获取物资的机会，瑶族对山充满了敬畏。瑶族每次烧山之前都要祭拜山神，祈祷山神的护佑。狩猎之前，瑶族也祭祀山神，既祈祷遇上野兽，又祈祷野兽不伤及自身。湘南一带的瑶族有个“起春节”，即每年立春后，都要在山洞或大石头前举行隆重的祭祀山神土地活动，之后瑶族男子带上自家的酒与菜在祭祀的地点痛饮，与山神同醉，以示敬意。“瑶族《过山榜》等民间文献提到的自然神有雷霆、五谷大王、镇源大王、河神、禾花姐妹等”①，这些神与瑶族的农耕、畜牧、狩猎有关。在瑶族师公用书中，《开山书》《土地唱》等都与“刀耕火种”和狩猎有关。《盘王大歌》是瑶族的百科全书，“盘瓠的传说”“千家峒的传说”等瑶族的母题神话，都充满着生态智慧。“盘瓠传说”里，当盘瓠灭掉犬戎国的首领拯救了风雨飘摇的高辛氏王朝后，盘瓠选择的是隐退到青山绿水中实现生命的价值。“千家峒的传说”里反复出现“源”“青山”等词汇，对自然的情怀依稀可见。

---

① 奉恒高．瑶族通史［M］．北京：民族出版社，2007.

第二节　瑶族生态智慧对美丽乡村建设的启示

美丽乡村建设自2013年被有关部门提上日程后，各地乡村掀起了一个又一个的建设高潮。党的十九大报告提出“建设美丽中国”目标，助推了美丽乡村建设。虽然2015年以后，各省（自治区、直辖市）相继出台了地方性标准，但对于美丽乡村究竟如何建设、建到什么程度才算美丽，至今仍缺乏共识。这些标准的一个共同点就是复制城市建设的经验，按照城市的标准来设计规划乡村的明天，不顾及农村的实际，注重形式。我们在湘南乡村调查中，发现美丽乡村建设项目的设计如出一辙，不外乎民族长廊、小型游园、休闲广场、徽式建筑等。这种模式化的设计忽略了地方性知识、文化传统，自然也就湮灭了底层民众的主体意识，割裂了社会治理与美丽乡村建设之间的内在关联。美丽乡村建设既不同于中华民国时期的乡村建设，也有别于新农村建设，虽无成例可借鉴，但乡土社会历史上形成的治理智慧，仍不能忽略。

由上可知，瑶族的生态智慧作为一种地方性知识，具有整体性与系统性，呈现在瑶族日常生活和信仰知识体系中，伴随着瑶族的历史进程不断变迁，并在处理人与自然、人与社会的关系中发挥积极作用。运用历史的眼光，辩证地看待瑶族的生态智慧，不应只看到其为我们留下的生态屏障，还应看到其对美丽乡村建设的价值，吸取精华。

一、与乡村治理相结合

瑶族生态智慧是一个系统，涉及人与人之间关系的规范、人地关系的约束，其核心内涵是平衡人与自然的各种关系，把人的社会行动限制在自然许可的范围之内，在人与自然之间保持某种张力，属于乡村治理的范畴。“如果仅仅将美丽乡村建设视为一个单纯的项目建设，那将是大错特错。它不仅涉及村庄既有面貌的改善、村庄整体形象的提升，同时也可能触及乡村社会的治理问题。”[①] 我们当下进行的美丽乡村建设往往过于强调物质的改造，忽略了社会规范、社会秩序的维系，割裂了与乡村治理的融合度。

二、凸显人民的主体地位

瑶族生态智慧代表的是整个民族的根本利益，融入人民的潜意识，因此得以世代传递。美丽乡村建设是美丽中国建设的重要组成部分，为乡村振兴战略的题中之义，理应得到基层群体的拥护与支持。我们在基层调研中发现实际情况并非完全如此。个别基层群众对美丽乡村建设漠不关心，觉得这是政府和村组干部的事情。他们对建设什么、怎样建都不知情，一部分人都不知道什么叫美丽乡村建设。就连一些村支“两委”干部也向我们抱怨他们的主体地位得不到尊重，他们的意见得不到采纳。现在的美丽乡村建设资金大部分为各级政府投资，根据“村财乡管”的原则，基层没有独立财务，只有一个数字。政府把各种资金打包进行美丽乡村建设，作为美丽乡村建设的主体——村支“两委”却没有接包之处。从项目的设计，到项目的设施，他们起的只是配角作用。起关键作用的都是乡镇一级政府和开发商，这些群体根据自己的主观意志和利益的最大化，实施各种项目建设，底层群众自然也就视自己为局外人。

三、坚持走差异化的建设路径

瑶族生态智慧是整个民族千余年来与自然、与社会互动经验的格式化，反映的是瑶族的整体意识。但就具体的瑶族区域、瑶族支系来说，生态智慧有别。差异化的资源使瑶族生态智慧有异质性。我们当下的美丽乡

① 赵旭东，罗士泂. 扎实推进美丽乡村建设 实现乡村振兴战略［EB/OL］.（2018-07-25）［2019 - 12 - 01］. http://ex. cssn. cn/zx/bwyc/201807/t20180725 _ 4509422. shtml? COLLCC = 1665058971&.

村建设误区之一就是过分强调同质性。从规划设计的层面来说，乡村基本上都是移植城市社区的模式，强调休闲广场、小游园、粉刷主干道两边的房屋墙体、硬化大小巷道、统一规划住宅区。我们不管走进哪一个村寨都给人似曾相识的感觉，找不到特色。伴随着美丽乡村建设，乡愁也正在不断消失。

四、彰显地方文化特质

物质的建设只是美丽乡村建设的形式与载体。缺乏文化的乡村灵魂不在，徒剩空壳。美丽乡村的硬核是文化，没有地方性文化做支撑，美丽乡村迟早会褪掉美丽的光环。有的瑶族村寨在乡村建设中忽视自己的传统建筑遗产，拆旧建新的步伐加快，成片的老房子变成废墟。有的瑶族村寨对外来的物种过分迷恋，如绿化树或者是外来的，或者是在温室里培育而成的。外来物种的引入已经给瑶族生态带来过灾难，在20世纪末，各级政府在退耕还林政策的推动下大力引进外来物种——桉树，造成了部分土地硬化，在一定程度上带来了局部的生态失衡。瑶族的生态智慧里，尤其强调地方物种的保护，该经验值得借鉴。

第三节　本章小结

南岭走廊作为南部中国的绿色屏障，成为长江、珠江、湘江、赣江、西江等众多河流的发源地，这尤其要感谢千百年来在此绿色丛林中迂回穿梭，与自然、森林共生共荣的主体民族——瑶族。生态智慧作为地方性知识的有机组成部分，源于生活生产实践。从瑶族生活生产及信仰体系中考察瑶族的生态智慧，我们可以知道瑶族的生态智慧自成体系，对维系瑶族与自然界的和谐关系、保护生存空间的绿色生态起到了至关重要的作用。

正在进行的美丽乡村建设，在悄然改变我们的生活的同时，也遇到了模式化、功利化、去主体化的瓶颈，对这些影响美丽乡村建设的因素不加以正视，我们的美丽乡村建设将遇到困惑，或许会成为传统乡村文化的终结，我们渴望的乡愁将不复存在。

以瑶族的生态智慧，反观正在进行的美丽乡村建设，我们得到的启示是：美丽乡村建设的实质是乡村治理，将乡村治理、乡村振兴与美丽乡村建设融合起来才是美丽乡村建设的可持续发展路径，乡村的未来方可期待。为此，我们应充分借鉴、吸收瑶族的生态智慧，并对之进行创新性转化，赋予其新时代的内涵。

第七章　瑶族传统教育思想及其对精准扶贫的启示

瑶族主要分布在我国的广西、湖南、广东、云南，东南亚的越南、老挝、缅甸以及法国和美国，是一个跨境民族。早在20世纪20年代人类学、民族学传入中国后，一批具有民族学、人类学背景的学者，如杨成志、梁钊韬、费孝通等，就开始了对地处边缘的粤北、桂东的瑶族进行调查研究。研究者们希望通过对边疆民族的调查研究，为民族国家的建构提供话语支持。20世纪50年代，人类学被取消，人类学家的学术研究发生了根本性的转型。部分人类学者参与了中央主持的少数民族社会历史调查和民族识别工作。20世纪80年代，人类学、社会学复办以来，到20世纪末期，这是瑶族研究的黄金时间，在瑶族宗教研究、民间文献资料整理方面取得了许多重大研究成果，为后继学者的进一步研究打下了坚实的基础。瑶族研究在前辈学者和当代学者的共同努力下，在文献收集、族源探讨、文化变迁、宗教仪式以及瑶族艺术研究等诸多方面取得了显著成果。学术界对瑶族传统教育思想和教育实践却漠然视之，关注甚少。本书选择瑶族文化经典“盘王大歌”文本中体现的教育思想以及教育方式为研究对象，在总结、提炼、梳理瑶族传统教育思想的同时，并对其服务于瑶族区域的小康社会建设、正在实施的精准扶贫的价值进行思考。

第一节　瑶族传统教育的内容

一、历史知识的教育

由于瑶族的弱势地位，他们的民族发展史几乎就是一部在夹缝中寻求族群存活的历史。斯科特·詹姆斯在《不被统治的艺术》中言及，高地人在可以选择不居住在高地的情况下，却选择了居住在高地，就是一个政治选择，目的是远离国家的政治统治，躲避战争的混乱，免去赋税与劳役的负担等①。山地民族之所以放弃条件优越的平原，选择从“中心”到“边缘”，此乃不得已而为之，这是他们的一个选择。瑶族尽管没有文字，但没有文字不等于没有历史。一方面瑶族通过口述的方式记载历史，另一方面瑶族通过信仰仪式记载历史，或者民族文化人士借助汉字记载历史。

民族历史文化是民族存续的精神血脉，瑶族潜意识里对自己的历史刻骨铭心，通过各种途径加以强化。族群史也因此成了他们传统教育的有机内容。瑶族族群史的教育主要有两种形式：一是家族史的教育。由于不断地在南岭山脉中迁徙，加上社会文化发展水平的限制，瑶族主要是用简单的文字把先祖的姓名、法名、生殁时间、地点记录在一张纸上，这就是“家先单”。家先单由户主保管，存放于神龛上，一般情况下秘不示人。家先单一般只有几页纸，对纸张的选择也较为随意。在年末岁初、清明等特殊送迎先祖时拿出来，或者是等“挂灯”“度戒”等特殊仪式时由师爷诵读，教育后人。二是族群历史的教育。瑶族是一个苦难的民族，在族群发展史上他们历经了诸多天灾人祸，对这些在民族史上产生重大影响的事件，他们或通过神话、传说的形式予以记忆。瑶族经典《盘王大歌》里面就反复记载了“盘瓠传说”“千家峒的传说”“漂洋过海传说”等瑶族本

---

① 何翠萍，魏捷兹，黄淑莉．论 James Scott 高地东南亚新命名 Zomia 的意义与未来［J］．历史人类学学刊，2011（1）：77-100.

源神话传说。《盘王大歌》之“洪水淹天”篇记述了瑶族的婚姻形态“伏羲兄妹自相配，传根接种人繁衍。松柏树下结良缘，风传花粉上妹身。花胎怀在妹身上，呱呱坠地不成人”①。在外人看来，《盘王大歌》里记载的这些婚约有些“荒谬”，乃虚构之产物。而在瑶族内部看来，这都是不容置疑的规约。瑶族民间文献《过山榜》进一步对瑶族内部婚姻进行了规定：“准令十二姓王瑶子孙，自行嫁娶，不许与族外交婚”“违者，干罚蚊子作酢三瓮，开元铜钱三百贯，无节竹三百根，糠粒金绳三丈，鸡尿三斗，入官领纳。强夺王瑶妻女，罪不轻恕”②。因此在重要节日，如“还盘王愿”“度戒”时，瑶族通过歌师、歌男、歌娘诵唱，“以歌寓教”的形式，给参与者以族群历史的教育，以此为纽带，把整个族群紧密联系在一起。

二、生产技能的教育

瑶族在与环境的适应过程中孕育了独特的文化，如旱稻耕作文化以及与生计模式相关的季节和时令知识。这些地方性智慧物化的形式就是各种生活技能，属于经验的范畴。二十四段词的《盘王大歌》基本上是生产生活方式的总结。1936 年 11 月，杨成志先生带领中山大学文科研究所的几位研究生到北江瑶区做田野考察，在他们的研究报告《广东北江瑶人调查报告》中就涉及了瑶族的生产工具和生计模式。习得前人在生产生活中发明的生产生活工具、生产知识、生活智慧及其物化的形式——生产技能，是瑶族人民战胜所处的自然环境与社会环境，获得内源式发展的根本所在。因此，瑶族青年，不分男女，在少年时期都会在成年人的指导下习得各种生产生活技能。瑶族男子在十一二岁的时候，就在成年男子的指导下，学习犁田、砍山、狩猎等生产技能，而女孩则学习手工活以及家务

① 湖南省少数民族古籍办公室. 盘王大歌［M］. 长沙：岳麓书社，1987.
② 《过山榜》编辑组. 瑶族《过山榜》选编［M］. 长沙：湖南人民出版社，1984.

活。相对于这些普适性的生产技能而言，生产工具的制作、生活用品的生产加工以及民族工艺品制作等技能的传承则只能在那些经过了特殊训练的少数群体中以师徒相传的形式发生。

三、社会文化的教育

瑶族之所以能在迁徙过程中，在各种压力下存活，跟他们历史上形成的各种成文或不成文的社会文化有关联。这些文化实际上就是一些社会规范，包括制度性文化和非制度性文化。不管哪一种文化都是历史上本族群在与地方社会（具体到地理环境）相适应的产物，都具有特定的功能，在维系族群团结、提升族群的生存力方面发挥了积极作用。就教育的类型而言，社会文化教育既有以生存空间为核心的环境教育，也有意识形态意义上的伦理价值观教育。

瑶族作为山地民族之一，山地既是他们获取资源维系生存的依靠，也是他们生命的屏障，正是借助于险峻的山体、瑶族才得以在历史上凶险的社会环境下获得生存。因此，瑶族对所处的山地充满了恩情，对所处环境的一树一木都充满了敬畏之心，以物我合一的崇拜之情敬仰所处的空间。瑶族会把对空间、对环境的敬畏之心传授给小孩，让他们从小就知道尊重自然、尊重所处环境的一草一木。

在历史的长河中，瑶族形成了一系列的正式文化与非正式文化。前者如《过山榜》规定的各种文化事项，刻在石牌上的“石牌文化”；后者如各种社会生产生活实践中的习惯法，内容涉及婚姻关系的规范、土地山场的交换、公共秩序的维护等。这些意识形态的社会文化对于调节族群内部关系的和谐、实现族际有效沟通与交流起到了积极的作用。这些文化规约能否得到遵守，一定程度上决定了族群内部各个组成部分是有序还是失范，因此也成了瑶族教育的主要内容。

第二节 瑶族传统教育的形式

瑶族的学校教育出现很晚，大约在元末明初开始出现在部分定居入籍了的“熟瑶”，如平地瑶、排瑶当中。对大多数的过山瑶而言，接受传统文化知识教育的途径是参与歌堂教育、仪式教育，在生产生活实践中接受长者的教育。

一、歌堂教育

瑶族是个爱歌的民族，以歌传情、以歌记史、以歌记事、以歌会友是他们习以为常的文化活动。歌谣对瑶族来说不仅是“愉情”“悦心”，更多的是生存性智慧的总结。《盘王大歌》主要通过口耳相传的形式流传于湘南、粤北、桂东等瑶族集聚区，其内容包括瑶族先民的自然观，人类起源学说，瑶族的产生、婚恋、创业以及迁徙的历史，涵盖了文学、史学、哲学、民族学等学科，堪称瑶族人民的“百科全书”①。瑶族人民在习歌、吟歌、赛歌的过程中不知不觉习得本民族的文化，也是本民族文化的一种教育途径，而其中的“座歌堂”活动最为瑶族人民所喜欢与接受。歌堂有宗教形式的“还愿”歌堂、婚嫁歌堂以及日常生活交往式的歌堂等多种形式。“还愿”歌堂神圣而又严肃，有专门的歌师、歌娘和歌男向始祖“盘王”献唱，主要内容是歌颂瑶族的历史，唱词依据是《盘王大歌》收集的内容，听众在参与仪式的过程中，耳濡目染地接受一次本民族历史文化的洗礼。婚嫁歌堂分为大歌堂、小歌堂两种，无论哪一种形式的歌堂，都参与者众多，内容涉及情歌、生产生活歌、族群历史歌、谜语歌等，不管是听者还是歌手，通过参与歌堂获得本民族的地方性智慧。瑶族是一个好客

---

① 陈敬胜，陈霞．瑶族文化的象征性表述——瑶族《盘王大歌》的文化考察［J］．湖南科技学院学报，2010（3）：60-62.

的民族，寨子里来年轻客人后，主人会邀请村落的年轻人与客人一起“座歌堂”、对歌，这种日常生活交往式的歌堂类似于一场“赛歌会”，歌手也是极尽所能，即兴发挥，比智慧、比反应，以歌堂为平台展示民族文化的同时，升华男女之间的情感。

二、仪式教育

仪式是一个民族文化的载体和储存器，一个古老的民族总是伴随着一系列神圣仪式。瑶族在生产生活，尤其是在精神生产活动中形成了颇具民族特色的仪式，其中最引人注目的是瑶族青年的成年礼“度戒”仪式和祭祀始祖的“还盘王愿”仪式。这两个仪式在瑶族的日常生活中具有重要的作用。没有参加“度戒”仪式的瑶族男子，不具备完婚的资格，死后也不能获得“法名”进入“家先单”。“还盘王愿”仪式更是瑶族的盛会，不管规模大小，瑶族人民都异常重视。鉴于这两个仪式的重要性，瑶族人民都踊跃参与，高度重视，其中的内容以社会规约、伦理道德为主，因此对参与者而言具有教育意义。

三、实践教育

歌堂教育和仪式教育针对的是特殊群体，在时间和场域选择上受到严格的限制，不管是受教育对象还是教育内容都有局限性。瑶族社区历史上累积的生产性智慧、社会规范需要在实践中加以认知，也只有通过实践才能将这些源于实践的感性、经验性的智慧传递下去。一个智慧的老人，不是一个天生的教育者，并不善于将历史上总结提炼出的智慧以代际传递的方式绵延下去，但他天生就是实践者，动手能力强，懂得根据季节时令，依地形选择不同的农作物种子进行耕作，其对农作物的一生了如指掌，总是在“该出手的时候出手”。人生有限，长者的智慧如果不能以教育的方式传递给下一代，族群的繁衍生存将遇到瓶颈。因此，长者总是不厌其烦地在实践中把自己的知识传授给下一代。年轻的瑶族男女也在懵懂的年纪就在山上、田间地头，在长者的指导下，识地理，辨草木，以做中学、学中做的方式习得民族的生存性智慧。

第三节 瑶族教育思想产生的原因

瑶族传统教育的核心内容是地方性知识与生存性智慧，目的是更好地与生存空间、人文环境协调，为族群的生存与发展创造条件。教育的途径以实践教育为主，涉及歌堂教育、仪式教育。实践教育内容以生产性技能为主，歌堂教育、仪式教育的内容以总结提炼出来的地方性知识为主。教育内容及教育路径的选择主要与其迁徙性特征、山地民族特征相适应。

瑶族与苗族、畲族同源，尽管他们现在都是南方典型的山地民族，但他们的发源地却在北方的中原一带，蚩尤是他们共同的人文始祖。他们从北往南迁徙的历史，就是一部族群的奋斗史。他们在边缘的山岭中移动，主动远离主流社会，既是无奈选择，也是明智之举。在山地中不断迁徙使得他们懂得了人与人、人与环境、人与社会和谐相处的重要性。迁徙是空间的不断变化，空间的变化必定造成文化的变迁与多元。为了与变迁的环境相适应，瑶族教育的内容与形式也必须不拘一格，呈现出多元性。

瑶族自族群意识形成之日起，便与南方山地联系在一起。居住空间的山地化，就意味着交通的闭塞、土地的贫瘠、生计模式的游耕化，只能以小块的山地农业为主，辅之以林业与狩猎。山地民族也意味着远离政治、经济、文化的中心，也孕育了瑶族的伟大精神。从某种意义上来说，瑶族文化的本质是山地，瑶族的生产生活智慧以及精神信仰模式与类型选择都是以山地为背景的，瑶族的山地属性决定了瑶族文化的教育内容与实现路径。

第四节　瑶族教育思想对山地民族精准扶贫的启示

党的十八届五中全会提出，在2020年全面建成小康社会。国家统计局数据显示，2014年，全国有7 000万贫困人口。其中相当一部分贫困人口集中分布在山地民族居住区域，全国14个集中连片贫困地区大部分都是山地民族居住区域。没有山地民族的小康，就没有全国的小康。党和国家为如期实现小康社会奋斗目标，在区域性扶贫的基础上推出了精准扶贫。精准扶贫是一项系统工程，涉及多个市场主体，而其中差异化地提升贫困群体劳动力的素养和劳动技能，实现民族区域内源式发展，有助于山地民族的脱贫致富。教育尤其是职业教育在精准扶贫过程中具有比较优势。职业教育介入精准扶贫的价值和意义已为社会所认可，但职业教育介入精准扶贫的路径却还有待进一步研究。瑶族传统教育的实践与理念对在山地民族贫困地区开展职业教育具有一定的借鉴意义。

回顾瑶族的教育史，实则是一部基于实践的生存性智慧代际传递史。其核心是在地方性地理空间中，以在生产生活实践中提升后人的技能为主，同时又不忘族群的历史文化的灌输，落脚点在于在区域性文化适应中获得生存性智慧。

在我们看来，职业教育介入精准扶贫不仅必要且可行，实现两者的结合，要实现“三个对接”：

一是对接历史文化传统。每个民族都具有独具特色的历史文化传统。就瑶族而言，作为一个山地民族，他们的文化本质上属于山地文化，尊重环境，注重人与环境、人与社会的和谐，善于植树耕林这是他们的优势，但同时有视野狭窄的不足。因此，在实施职业教育时，我们要正视瑶族的历史文化传统，更多地要向他们传授一些林业加工方面的知识以及市场化理念，拓宽他们的思维。

二是对接社会实践。瑶族的文化知识以生存性智慧为主，注重在实践中提升生产技能。这给我们的启发是，在职业教育介入精准扶贫的过程中，应把实践性贯穿始终，把提升技能放在核心位置。

三是对接区域实际。每个地域都有各自的属性，我们的职业教育不宜实行模式化教育，而是应该根据不同的区域选择不同的教育内容与形式。这就要求实施职业教育的部门深入民族地区一线，运用田野调查、参与观察等方法了解贫困群体的需求，进而对贫困群体的需求进行有效评估，在此基础上根据他们的知识结构、生活经历、从事的职业、选择的项目进行有的放矢的培训，发挥职业教育介入精准扶贫的积极意义。

第二篇　实证篇

第八章　瑶族村寨治理的行动逻辑及运行机制

第一节　引言

根据《中国农村扶贫开发纲要（2011—2020 年）》的精神，按照“集中连片、突出重点、全国统筹、区域完整”的原则，2014 年我国共确定了 14 个集中连片特困地区作为扶贫的主战场。这些特困地区大多数是生态脆弱地区和少数民族居住区。特困地区如何摆脱贫困，这是各扶贫主体应着力思考的一个问题。2013 年 11 月，习近平总书记提出了“精准扶贫”指示后，中国特困地区的扶贫工作进入了新的历史时期。学术界对此进行了系统研究，也取得了阶段性成果。

徐翔、刘尔思认为，产业扶贫是以市场为导向，以经济效益为中心，以产业集聚为依托，以资源开发为基础，对贫困地区的经济实行区域化布局、工业化生产、一体化经营、专门化服务，形成一种利益共同体的经营机制，把贫困地区产业的产前、产中、产后各个环节统一为产业链体系，通过产业链建设来推动区域扶贫的方式。在产业扶贫实践中，各地形成了多种模式[①]。龙永华依据湘西州产业化扶贫实践，把产业扶贫模式概括为六种，即专业合作社带动模式、龙头企业带动模式、产业园区带动模式、

① 徐翔，刘尔思．产业扶贫融资模式创新研究［J］．经济纵横，2011（7）：85-88.

基层组织引导模式、融资平台引导模式、对口扶贫单位引导模式[①]。贫困区域的产业基础薄弱，产业扶贫本身也存在着一些争议和问题。陈希勇认为，山区存在产业发展方向定位不准、政策支持不准的困境[②]。胡振光、向德平把产业扶贫的问题概括为地方政府行政主导权过强，政策执行缺乏约束；龙头企业自我逐利性过强，社会责任难以兼顾；农村经济合作组织组织能力孱弱，发展活力不足；贫困农户弱势地位突出，主动参与不足等方面的问题。对此，他们提出的解决办法是产业扶贫需要提高主体参与能力，激发主体参与动力，突破主体参与障碍[③]。

学者们的研究成果为本书的研究提供了有益参考，但对农业产业扶贫的机制讨论较少。在精准脱贫的攻坚阶段，思考产业扶贫的内在逻辑、运行机制，对精准脱贫战略的实施具有积极意义。基于此，本书试图以湘南跳石子瑶寨为例就产业扶贫进行讨论。

第二节　跳石子瑶寨的产业扶贫实践

跳石子瑶寨地处南岭走廊骑田岭中段湘南地区的宜章县。全村 28 户，124 人，村庄山多地少，人均林地 150 余亩，人均耕地面积只有 0.6 亩。该村地处珠江水源生态林保护区，大片的森林资源被纳入国家保护范围，这对以林业、副业为主的村民来说，加重了贫困程度。2014 年，全村人均收入仅 2 600 元，是南岭走廊山区典型的贫困村。

跳石子瑶寨早在国家启动“八七”扶贫攻坚计划之际，就被扶贫主管部门纳入扶贫范畴，但一拨接一拨的扶贫始终无法帮助他们远离贫困，这其

---

① 龙永华. 精准扶贫视域下湘西州农业产业扶贫模式创新研究［D］. 吉首：吉首大学，2015.

② 陈希勇. 山区产业精准扶贫的困境与对策——来自四川省平武县的调查［J］. 农村经济，2016（5）：87-90.

③ 胡振光，向德平. 参与式治理视角下产业扶贫的发展瓶颈及完善路径［J］. 学习与实践，2014（4）：99-107.

中的原因是复杂的。地理环境封闭、自然环境脆弱、缺乏支柱产业、参与市场竞争能力不足等，都是影响跳石子瑶寨村民脱离贫困的原因。近年来，该瑶寨主要采取了以激发农民为主体的扶贫机制，取得了较好的成效。

一、农民的组织化

精准扶贫的对象是贫困群体，在精准扶贫过程中，外来的扶贫主体往往无视贫困群体的内生力量，把他们置于扶贫过程的边缘。与这些扶贫主体不同的是，莽山跳石子瑶寨的产业扶贫致力于解决扶贫主体的内生力量问题，自始至终把组织农民投入扶贫过程、激发农民参与扶贫的动力作为题中之义。组织发动农民需要一个利益攸关的利益共同体为支撑，跳石子瑶寨产业扶贫的组织者选择以农业合作社为平台，组织农民参与扶贫。与那些优势群体控制农业合作社资源不同的是，跳石子农业合作社坚持农民主体地位，是利益均等化的合作社，股权均等、权益平等，管理人员也是按照历史上推选“瑶老”的方式推选产生。如此一来，一批懂农业、爱农村、爱农民的地方新乡贤脱颖而出。这种尊重民意、以农民为主的合作社，体现了农民的意志，突出了农民中心，发挥了农民的主体作用，得到了农民的高度拥护，从而把平时貌似一盘散沙似的农民组织起来了。

二、资源的资本化

农民的组织化，解决的是“人”的问题。扶贫行动离不开资源的合理利用，如何化地方性资源为资本，是跳石子瑶寨产业扶贫的积极实践与探索的目标。

贫困山区往往是生态脆弱区，掠夺性的资源利用带给当地农民的将是一场生态灾难。资源的合理利用，离不开生态产业的支撑。化本土资源为可产生效益的资本是精准扶贫的瓶颈之一。跳石子瑶寨的扶贫过程就是不断合理利用资源，把森林、山场等本土生态资源资本化的过程。通过农业合作社，跳石子瑶寨集中流转了山场5 000多亩。这为发展生态型农业产业奠定了基础，也是实现本土资源资本化的关键。

三、产业的市场化

跳石子瑶寨通过农业合作社实现农民的组织化和资源的资本化，为产业扶贫提供了劳动力与资源等生产要素。要使这些要素在市场交换中获得利益则需要一个可以帮助其平等进入农业市场，并在市场中参与分配获得利益的载体。

“早些年政府号召我们在田土里种茶叶、种生姜，说好了有老板来收购，周边几个村都大面积种植了，后来只收购了一点点，就没再收购了，自己又吃不完，农民连本都贴进去了。还是这个养黑豚好些，我们出点钱，老板也出了本，公司负责卖，不用担心卖不出去，我们只做事就可以了，赚点小钱。”（资料来源于2017年7月20日笔者在莽山瑶族乡跳石子瑶寨村对ZJ的访谈。）

跳石子农业合作社与莽山土里巴吉生态农业有限公司合作组建的扶贫项目公司——莽山黑豚跳石子公司，承担组织农村要素参与市场分配的角色。事实上，在贫困山区出现了诸多农业产业化扶贫的模式，比如“合作社+农户”模式、“公司+基地+农户”模式等，这些扶贫模式貌似民主平等，实质是“公司将农业生产的风险转嫁到农户头上，同时控制农业生产的产前、产后环节并获取利润……只能进一步巩固贫困农户对公司以及资本的依附性”①。在这种扶贫模式中，贫困群体的地位没有发生改变，农民的主体性没有显现，其内在潜力也就无法得到激活，因此这种扶贫模式成效难以如愿。与这些扶贫模式不同的是，莽山黑豚跳石子公司是一家农民拥有话语权的扶贫企业。合作社和莽山土里巴吉生态农业有限公司双方各占50%的股份，互不控股。在该扶贫公司里，各方依据自身优势进行分

① 吴重庆. 内发型发展与开发扶贫问题［J］. 天府新论，2016（6）：1-6.

工，合作社主要负责生产的管理和公司内部的日常运作，莽山土里巴吉生态农业有限公司负责生产质量标准的制定与管控以及链接城乡把产品销往城市，成为农村劳动力、资源等生产要素参与市场获得利益的载体。

四、产业扶贫的效益分析

（一）提升农民收入，实现脱贫目标

通过公司分红、当地自产农产品销售、旅游带动等途径，农民的收入在整体上得到了提升。值得注意的是，跳石子瑶寨农民收入的提高是均等化、普惠性的。2016 年年底，参加合作社的 25 户农民，每户分红 4 500 元，一次性收回了所有投资；2017 年年底，入社农户每户获得分红 4 000 元，加上就地务工、民宿以及农副产品销售收入，每个家庭增加的收入在 4 万元左右，人均增加收入近万元。

“我们对入股养黑豚很满意，长这么大，还是第一次分红利，多亏了莽山黑豚，让我们尝到了‘分红’的滋味，入股才一年，就把本收回来了，山上还有几百头猪，脱贫估计没问题了。山上的竹子不值钱，树不准砍，没什么用。现在不断有客人来玩耍，地里以前没人要的红薯都卖出了好价格。”（资料来源于 2016 年 12 月 30 日笔者在莽山瑶族乡跳石子村对瑶族村民 DLG 的访谈。）

对于产业扶贫带来的实效，加入合作社的农民表达了自己的获得感以及对未来摆脱贫困的信心。按照国家的贫困标准，跳石子瑶寨已经整体上告别贫困，提前步入了小康社会。

（二）社区发展，社区治理迈向“善治”

就社区发展来说，产业扶贫促进了跳石子瑶寨的良性运行、协调发展。跳石子瑶寨在产业扶贫政策实施之前是个不断被边缘化的村落。自产业扶贫政策实施以来，农村社区发生了可喜变化。首先，一批懂技术、懂管理和懂生产，在地方极具影响力的新乡贤脱颖而出，为地方的社会治理

提供了人才储备。其次，农业生产的结构性调整得到促进，延伸了农业产业的利益链条，进而提高了当地的生活生产水平。最后，社会治理走入“善治”轨道。莽山黑豚跳石子公司的口号是“一切权利归社员”。利益共享的方式让农民获得了有尊严的生活，人人都把合作社当成自己的家，人人都以公司为荣，积极参与当地的公益事业。

（三）思想观念发生改变，生态保护意识显著提高

生态文明建设成效的衡量标准之一是生态意识的提高。在莽山黑豚跳石子公司成立之前，跳石子瑶寨偏居一隅，由于缺乏科技知识，相信商家的过度宣传，滥用农药、化肥、除草剂现象普遍。以莽山黑豚跳石子公司为核心的产业扶贫主体坚守农业食品安全道德底线，坚持生态、环保、绿色、安全理念，在实践中总结挖掘出“猪鸡混养”，建立排泄物自动清理生态闭环系统，以混牧密度为生态闭环系统控制节点，以石蛙繁殖生长状态为检测混牧承载力的生物参照样本。莽山黑豚的高附加值让农民意识到了生态、绿色、健康食品的价值，生态保护意识也随之慢慢提升。

“两年前，我们到跳石子村的时候，白色垃圾满地，除草剂、化肥农药的使用在农作物生产中随处可见。农民的农产品生产有两种类型，自己吃的尽量不用农药，拿到市场上交易的，都有农药，非常不安全。我们的项目主要是做安全、高端的食品，我们就反复宣传垃圾集中处理的好处，也约束农民对除草剂、农药、化肥的使用。现在跳石子村的环境卫生好多了，农民看到了安全食品的价值，都自觉地不使用除草剂和农药。”（资料来源于2017年7月20日笔者在莽山瑶族乡跳石子村对莽山土里巴吉生态农业有限公司负责人ZBH的访谈。）

乡村振兴，生态宜居是关键。绿水青山是山区农村绿色发展的最大资本，跳石子瑶寨的产业扶贫带来的不仅是物质的增加，在利益的刺激下，生态保护意识的提升才是该村产业扶贫带来的最佳效益。

第三节 跳石子瑶寨产业扶贫的行动逻辑

一、农民成为扶贫行动的主体

贫困区域贫困的原因是什么？对此，不同的人有不同的回答。经常听到的解释，一是把贫困原因归因于资源的短缺、社区资产的不足，如交通不便、生态恶劣、自然资源匮乏等；二是以“缺陷视角”为参照物，主观地为贫困群体扣个懒惰、受教育程度低、素质低下的“帽子”。鉴于这种判断，以政府、企业、社会组织为主的外来扶贫主体，基本上漠视底层农民的存在，从“客位”视角出发，按照扶贫主管部门设置的验收标准开展扶贫。这种扶贫模式只对“上”负责。跳石子瑶寨产业扶贫走的是一条以农民为主体的扶贫道路。中国农民从来不缺乏创造精神，缺的是让农民释放内生动力的机制与平台。农民主体性的激活，不是一句口号可为之。在跳石子瑶寨不管是在合作社还是在扶贫公司，农民都拥有话语权，农民在扶贫实践中发挥了主体性功能。

二、行动目标指向共同富裕

由于多种原因，我们现在的精准扶贫对象不同程度存在着识别不准的问题。加上附属于精准扶贫对象背后各种政策红利颇多，这无形之中引发了新的不公平，给农村的不和谐带来了隐患。跳石子瑶寨产业扶贫的指向不仅是政府按照各种程序筛选出来的贫困对象，而是全体村民，行动目标是共同富裕。该目标的确立化解了各种内部矛盾，凝聚了全体村民的归属感，把他们的思想统一到共同的事业上来。

“上面的扶贫政策是好，但我们农村干部的工作很难做。大家的生活水平都差不多，贫困指标给谁都得罪人。我们以前既得罪了领导又挨了村民不少骂。还是黑豚养殖这个项目好，大家用集体山场入股，出同样的本钱，分同样的红，大家都没有意见。现在村民之间都和气了好多。”（资料来源于2017年7月21日笔者在莽山瑶族乡跳石子村对莽山瑶族乡跳石子村村干部ZWB的访谈。）

“不患寡而患不均，不患贫而患不安。”与乡土社会相生相随的“均贫富”意识，只要乡土社会的基因存在，就会以某种潜在的价值理念左右农民的社会关系调整和价值判断。共同富裕是应然的理想状态，也是农民社会行动的灯塔。

三、行动工具是小众化产品

跳石子瑶寨扶贫行动的工具之一是生产小众化、品牌化、高质量的产品。其主打产品是莽山土里巴吉农业生态有限公司效仿“古法”生产的莽山黑豚。所谓“古法”，其意为在放牧黑豚过程中完全遵循牲畜的天性，比如让母猪在丛林中产崽，建造仿生猪窝，在野外放养，确保牲畜生长周期在12个月以上等。这种方法培育出来的牲畜品种，肉质鲜美，品质优良，社会经济效益显著，在市场上深受城市高端消费者青睐。跳石子瑶寨的农产品把消费群体定位于城市白领阶层和精英阶层。这些群体有良好的消费能力，健康意识强，同时由于工作压力大，身体长期处于透支与亚健康状态，亟须安全食品提供能量。小众化产品以及高端的市场定位，为跳石子瑶寨精准扶贫提供了有效的行动工具。

四、本土化的行动环境

精准扶贫作为社会行动的类型之一，其行动离不开特定环境的制约。跳石子瑶寨贫困的主要根源是被大山阻隔，地理位置偏远，远离政治、经济中心。政治的边缘往往是文化的中心、生态的核心。乡村发展的希望在于绿色引领，跳石子瑶寨在扶贫过程中始终将扶贫行动置于当地良好自然环境与人文环境中。不管是绿色可持续性产业的选择还是扶贫主体都是本土化的，生产方式也与地方性知识相吻合。跳石子瑶寨的扶贫行动始终扎根于本土化的环境，这为其扶贫行动提供了动力。

第四节 跳石子瑶寨产业扶贫的运行机制

跳石子瑶寨产业扶贫模式的成功，为南岭走廊同类贫困山区的精准扶贫提供了可供借鉴与复制的模式。这些核心要素中，平等的农业合作社、以农民为主体的扶贫公司作为媒介的协商机制是产业扶贫的基础，凭借优良畜禽和核心技术为主的小众化产品沟通城乡市场是产业扶贫的核心，利益联结机制的形成则发挥着隐形的纽带作用。

一、协商机制：产业扶贫的基础

跳石子瑶寨产业扶贫模式之所以能获得农民的认可，是因为给农民带来实在的获得感，并与平等对话协商机制建设紧密联系在一起。从让谁入社，到怎样入社，再到合作社负责人的产生以及合作社的章程、利益机制、风险机制等都是农民自主协商出来的，代表的是农民自己的利益，凸显的是农民的主体地位，协商机制的建立确立了农民的主体性。

让农民做主，目的在于激发农民参与扶贫的动力，而不是置身于扶贫之外。“如果我们肯定扶贫对象是扶贫过程的主体的话，就要弄清楚他们的处境、想法、考虑等，否则非但他们参与扶贫过程的动机不能提高，而且还会造成政府与地方民众的关系紧张。”[①] 跳石子农业合作社之所以获得农民的认可，跟农民的主体地位得到凸显是分不开的，没有农民支持的合作社难以在扶贫过程中发挥积极作用。

---

① 古学斌，张和清，杨锡聪. 地方国家、经济干预和农村贫困：一个中国西南村落的个案分析［J］. 社会学研究，2004（2）：79-88.

二、链接城乡机制：产业扶贫的核心

城乡要素自由流动、平等交换是形成新型工农城乡关系的基础，也是产业扶贫目标实现的活力。在思考扶贫工作实践时，我们容易犯的一个毛病就是静止地看待贫困群体。山区农村贫困的原因不仅在于资源匮乏，更深层次的原因在于农业缺乏市场竞争力及城乡二元结构的存在。农产品价格低廉、农业市场风险大、农业劳动力进入市场的能力不足等，都在无形之中抑制了农业劳动力的价值。在此基础上，城乡之间的差距进一步扩大，城乡对立也就变得理所当然。如果城乡之间仍然在对立中前行，那么既违背中央城乡融合发展的精神，也将使得农村的贫困难以阻断。随着农产品的市场化改革，农民成为独立的、自负盈亏的市场交易主体，农村经济结构日渐家庭化、原子化和分散化。与规模化、组织化程度极高的国内外大农场、农业合作社联盟、农业跨国公司相比较，高度分散、缺乏组织的农户常处于弱势的市场地位，在市场交易定价中处于被动的谈判位置，很难获得较高的价格和收益，更难以分享到由于初级产品增值而产生的二、三产业的利润①。在市场竞争中获得比较效益，促进城乡融合有序发展，这依靠贫困山区自身的力量显然难以企及。跳石子瑶寨的做法是借“壳”出海，通过跳石子农业合作社与莽山土里巴吉生态农业有限公司合作组建扶贫公司。共同的项目企业链接城乡，实现城乡合作，把优质、生态、健康的山地农产品以物超所值的价格卖到了城市，被城市人愉快接受。这是莽山跳石子瑶寨扶贫模式得以成功的城乡链接机制。

三、利益联结机制：产业扶贫的纽带

如何使农户、合作社、扶贫企业等扶贫主体联结起来，形成利益共同

---

① 艾云. 农产品“市场链”：一个经济社会学的分析 [J]. 社会发展研究，2016 (1)：80-101.

体，建立稳定、持续利益关系的过程是产业扶贫成功与否的关键。跳石子瑶寨产业扶贫的过程就是扶贫主体利益联结机制形成的过程，在此过程中，土地山场流转、劳动力平等参与分配扮演了重要角色。

农户将政府承包给个人和集体的山场流转到合作社，由合作社进行集中管理，以山场与莽山土里巴吉生态农业有限公司进行合作组建共同的扶贫公司。山场的流动过程遵循产权不改变，坚持公益林、生态林性质不改变的原则。山场经过流转后，不仅实现了从分散经营向规模化经营的转变，达到了为具有运动属性的黑豚提供活动空间的目的，同时也凝聚了人心，把贫困群体的利益与公司的利益联结成一个利益共同体。这样一来延长了产业链，提升了价值链。农民脱贫的逻辑起点是农民的劳动物化为商品，并在公平、公正的市场环境里参与分配。跳石子瑶寨产业扶贫模式实现了劳动力合作，为农民的劳动物化为商品提供了平台。在公司里，甚至在公司辐射范围内农民凭借自己的辛勤劳动便可以参与农业市场竞争，获得与自己劳动等值的利益。在跳石子瑶寨扶贫过程中，贫困群体被赋予了高度的自主权，获得了应有的尊重。贫困群体是合作社的主人，有权决定与切身利益相关的大小事情。这样一种平等的利益联结机制在确保跳石子瑶寨农民获得尊严的同时，使农民在市场分配中获得了利益，促进了产业扶贫的成功。

第九章 “活化文化”与“再造家园”：瑶族特色村寨可持续发展研究

第一节 引言

自2009年国家启动少数民族特色村寨保护与发展项目以来，国家民委分别于2012年、2017年公布了两批少数民族特色村寨，首批国家级少数民族特色村寨为340个，第二批国家级少数民族特色村寨为717个。少数民族特色村寨的保护及其可持续性发展引起国家有关部门的重视。少数民族特色村寨在长期的农耕文明发展历程中沉淀和积累了众多的历史信息、文化景观和民族记忆。少数民族特色村寨是民族文化的重要载体及表现空间，因此在新的时期如何加强这方面的研究并指导保护实践，有着重要的意义[①]。段超认为，少数民族特色村寨建设取得了显著成效，但同时存在村寨经济发展缓慢、村民参与力度不够、规划方案不尽科学、部门合作不够密切等方面的问题[②]。少数民族特色村寨保护与发展大多局限于民居改造或某一方面，没有达到政策目标[③]。以往的研究侧重于对少数民族特色

① 于瑞强. 仫佬族特色村寨建设研究的学术省思与展望［J］. 广西民族研究，2017（2）：147-152.

② 段超. 保护和发展少数民族特色村寨的思考［J］. 中南民族大学学报（人文社会科学版），2011（5）：20-24.

③ 李安辉. 少数民族特色村寨保护与发展政策探析［J］. 中南民族大学学报（人文社会科学版），2014（4）：42-45.

村寨文化属性的保护，对如何实现可持续发展方面的研究不足。鉴于此，本书在社会治理视野下，将少数民族特色村寨文化保护传承与村寨发展有机结合，运用在南岭走廊瑶族村寨的调查资料，推动该问题域的研究。

第二节　瑶族特色村寨保护与发展取得的成绩

一、瑶族传统建筑得到有效保护

建筑是少数民族特色村寨的符号，入选少数民族特色村寨名录的瑶寨的传统建筑大多保护较好。位于莽山瑶族乡的黄家塝村现保存了黄氏公祠、门楼、风火墙等清代建筑文物20余处。传统建筑多为老屋，产权属于家族共有，由于人口流动及不断分家，老屋空心率高，久而久之便成为危房。这些凝聚着民族智慧的建筑，在少数民族特色村寨保护与发展政策推动下获得了较为有效的保护。保护主体采取保护、修缮、复原等方式，保护传统特色民居的营造方式和建造技艺，形成有民族特色的传统建筑群落。例如，永州市江华瑶族自治县井头湾瑶寨100多栋清代老屋在少数民族特色村寨保护与发展的浪潮中得到修缮。外观改造也是少数民族特色村寨建筑建设过程中常用的方法，主要是采取色彩渲染、突出建筑符号等方式，强化民族特色外观改造。例如，郴州市汝城县三江口瑶族镇沿街及主要公路两侧的瑶族民居，通过"立改坡"和在墙面注入瑶族图腾及标志性艺术符号等方法，使得整个传统村落恢复了昔日的质朴。瑶族是在南岭山区不断迁徙的民族，借助险峻的山体获得延续不断的机会，因此瑶族的村寨尤其是过山瑶村寨基本上都建在险峻处，在寨门入口处修建寨门、门楼等防御建筑。这些象征着民族精神的防御建筑大多破败，急需维护。永州市江永县"四大民瑶"之一的勾蓝瑶，其村寨的四大门楼也是在少数民族特色村寨建设浪潮中重新得到修缮、加固。

二、非物质文化遗产得到活化

传统建筑只是瑶族特色村寨的外在符号。文化是少数民族特色村寨的“魂”，少数民族特色村寨不仅建筑文化独特，也是非物质文化的汇集区。城市化进程的加快，人口的外流，瑶族传统文化受到极大冲击，处于退出历史舞台的边缘。

少数民族特色村寨的建设，一定程度上挽救了风雨飘摇中的瑶族传统文化。一是少数民族特色村寨建设本身包含了民族文化传承保护指标，在考核指标的驱动下，少数民族特色村寨民众对民族传统文化的兴趣越来越浓，参与保护瑶族文化的积极性明显提高。二是随着科技下乡、生态林保护政策的持续推行，瑶族村寨民众逐步从繁重的农事活动中解放出来，拥有更多的自主时间，为传习以歌谣为主的文化提供了时间保证。三是国家对非物质文化遗产的重视程度持续升温，各级政府都保护了一批非物质文化遗产名录。在市场与政府的双重推动下，非物质文化遗产传承保护培训班如雨后春笋般在特色村寨蔓延。资兴市二峰瑶族村从 2012 年开始，在政府预算支持下，每年都举办三期长鼓舞、瑶族歌谣培训班，并挖掘推出了市级以上的非物质文化遗产传承人 2 名，建立了规模达 35 人的民俗文艺队伍。井头湾瑶寨的八宝织锦，因其工艺复杂，濒临消失。少数民族特色村寨建设后，不断有游客前来旅游，这一民族瑰宝被游客认可，消费市场刺激了瑶锦技艺的传承与发展。“半床棉被”故事的发源地——汝城沙洲瑶族村，虽然名为瑶族村，但是在特色村寨保护与发展之前，仅有少数老人懂瑶语，瑶族传统文化仅存活于老人们的记忆中。近年来，在少数民族特色村寨建设助力下，年轻人开始意识到传统文化血脉对于族群的重要性，纷纷参加地方政府主办的瑶语补习班，重新习得传统的优秀文化，他们经过努力还成立了瑶族“香火龙”舞蹈队、瑶拳表演队，一批具有瑶畲传统文化特色的文艺节目被挖掘整理。毗邻广西富川县的永州市河路口镇牛路村，自觉恢复了芦笙长鼓舞、蝴蝶歌等历史悠久且多姿多彩的瑶族歌舞，瑶族医药文化也得到挖掘整理。

三、产业融合出现新向度

少数民族特色村寨社会经济可持续发展是少数民族特色村寨保护与发展的题中之义和最终指向。产业的优化与融合是村寨经济向好的驱动力。地理位置处于边缘地带、远离经济中心、生态脆弱性强、历史积累有限等原因致使瑶族特色村寨产业发展先天不足。少数民族特色村寨的发展由于有了社会资本及政府支持等外力的推动，瑶族特色村寨产业发展呈现出良好态势，产业融合出现新向度。生态型农业得到良性发展，民族文化旅游业发展强势，三次产业融合出现新态势。

瑶族主要居住在湘江、珠江水系发源地的南岭走廊山区，森林密布，峡谷幽深，生态良好，具有发展生态农业尤其是种养殖业得天独厚的优势。例如，江华瑶族自治县琅下瑶寨的瑶山雪梨产业，牛路村的苦茶产业，汝城县旱塘瑶寨、宜章县莽山瑶族乡黄家塝瑶寨的茶叶产业，跳石子瑶寨的莽山黑豚产业，仰天湖瑶族乡的禾花鱼产业都得到了迅速发展。莽山黑豚、仰天湖禾花鱼等成为在珠江三角洲一带具有良好声誉的为白领阶层消费者追逐的农业品牌。

文化旅游的灵魂是地方性、民族性的文化。少数民族特色村寨开展文化旅游具有不可复制的天然优势。少数民族特色村寨的发展，催生了瑶族文化旅游产业，同时瑶族文化旅游产业的迅猛发展也带动了特色村寨建设。在这一过程中，涌现出了一批在南岭走廊区域具有较大影响力的瑶族旅游村寨。例如，粤北八排瑶的南岗千年瑶寨、湘南的上甘棠瑶寨、勾蓝瑶寨、桐冲口瑶寨、香草源瑶寨等成为区域性旅游热门目的地。有的瑶寨在社会资本助推下，文化旅游产业持续升级。汝城县三江口瑶族镇融资近7 000万元，建成了展示民族文化的综合性场所——三江口瑶族风情园，成为开展对外文化交流的窗口。另外，该县积极向上争取少数民族发展资金加大对民族手工艺品、民族农副产品、民族文化产品的开发和支持力度，鼓励打造民族服饰、民族特色产品等品牌，把瑶族长鼓舞、竹竿舞等非物质文化遗产表演融入热水温泉景区、九龙江国家森林公园景区等景点的运营中，既促进了文化的传承与发展，又增强了旅游景区的吸引力和旅游产业的发展后劲。

单一的农业比较效益低下，土地、森林、草原等农业资源产生效益的最佳途径是资本化。产业融合尤其是农业资源与旅游产业的融合，能产生“1+1>2”的效益。“十三五”期间，汝城县整合各级各部门资金数亿元支持少数民族特色村寨保护与发展，同时把扶持重点放在培育高效特色农业和旅游开发项目上。三江口瑶寨实行“庄园+协会+农户”的模式，将石斛兰专业合作社发展为龙头专业合作社，实现产销一条龙服务。沙洲瑶族村大力发展时令水果种植，全村果园面积 1 200 多亩，已打造成一个“红色+绿色+民族”特色的 3A 级景区。牛路瑶寨牛牯岭茶文化产业园、琅下瑶寨的瑶山雪梨产业园建设，在资本运作下巧妙地把瑶族文化与农业资源进行融合，效果明显。莽山跳石子瑶寨与莽山土里巴吉生态农业有限公司共同开发自然状态下“猪鸡混养”模式，吸引了珠江三角洲一带市民前来旅游观光。农业与旅游产业相结合的少数民族特色村寨为在新时代保护发展少数民族特色村寨、在 2020 年与全国人民共同进入小康社会探索了新模式。

四、提升了瑶族群众的获得感、幸福感

瑶族特色村寨建筑的民族化、传统化，传统文化的活化，产业有机融合带给人民最直接的效果是提升了瑶族群众的获得感、幸福感，基本达成了少数民族特色村寨保护与发展决策者们的初衷。

（一）基础设施得到极大改善

瑶族一直以来栖身之地多为交通不便，政治、经济势力难以企及的边

缘山区，基础设施落后。近几年，瑶族特色村寨的水、电、路、气、房、环境整治“六到农家”建设任务基本完成或进入收尾阶段。例如，在资兴市团结瑶族乡二峰瑶族村，2016—2018 年，有关部门投入资金 285 万元，完成了进村公路、寨门、电网改造等工程建设，完善了村寨的基础设施。2016 年以来，省、市、县有关部门在莽山瑶族乡黄家塝村累计投入资金近 1 000 万元，硬化了全村通组公路，在辖区内修建鱼塘 8 个、生态养殖场 15 个、水电站 1 个、垃圾池 1 个。

（二）人居环境得到提质

人居环境改善与否是居民获得感、幸福感是否提升最直接的标尺。配合美丽乡村建设，瑶族特色村寨设置了垃圾池，增设了垃圾焚烧炉，配备了清洁人员；“厕所革命”在各瑶族特色村寨有序进行。黄家塝村新建和改厕 300 多个，新建和改造水坝 10 个，新建垃圾池 10 个、垃圾箱 40 个。我们在井头湾瑶寨调查时看到该村修建了 3 个小型的游园，2 个小型广场，过去只有在城市才看得到的绿化树、绿化草皮已为当地居民所熟悉，就像一位老人描述的那样：“现在田里不种庄稼，种草了。”二峰瑶寨仿古修建了一条长达 500 米的瑶族文化长廊，成为居民休闲、聚会的中心。沙洲瑶族村内主干道都铺上了沥青路，其宽敞、整齐、美观堪比城市主干道。

（三）经济来源多元化

在少数民族特色村寨建设之前，瑶族居民收入的主要来源是外出打工所得。伴随着少数民族特色村寨保护与发展的推进，旅游业逐步兴起，产业融合发展，生态农业崛起，瑶族特色村寨居民收入由过去的单一化转向多元化。生态农业的出现，消化和吸纳了部分有技术的农民，这部分人成为职业农民，有的还被聘请为莽山土里巴吉生态农业有限公司的职业管理者。跳石子瑶寨就有 5 名瑶族人被公司长期聘为管理人员，年收入达到 3 万元。不管是旅游业发展还是生态农业的兴起，这些管理者为处理好与地方居民的关系，在土地流转、生产秩序方面得到民众的支持，给予当地民众一些股份，在激发他们参与企业管理的同时，使他们获得部分红利。跳石子农业合作社与莽山土里巴吉生态农业有限公司合作成立的莽山黑豚跳石子公司，通过土地流转的形式让全体村民拥有了公司部分股份，从2016年开始每户村民年终时可以获得5 000元左右的分红。部分群众通过向游客销售原生态的农副食品获得收入。跳石子瑶寨村民自2017年以来，每年仅销售红薯、玉米、自产茶叶等过去几乎是烂在田土里的农副特产，户均可增加3 000元收入。

第三节　瑶族特色村寨建设中存在的问题

少数民族特色村寨保护与发展，目的在于采取特殊措施，保护特色民居，培植特色产业，传承特色文化，打造特色风光，培育特色人才，推动经济社会发展，促进民族团结进步。如前文所述，2012年首批少数民族特色村寨保护与发展项目启动以来，瑶族特色村寨建设取得的实效显著，但也存在多种问题。

一、传统建筑存在自然损毁风险

少数民族特色村寨保护的对象是什么？是外在的建筑物还是文化？发展的最终目标是什么？这些问题看起来简单，在操作中却常被误读。“目前在开展少数民族特色村寨保护与发展过程中存在一些困境和误区，一些村寨的保护与发展把重点放在了建筑外观保护和外在文化符号展现。”① 传统村落正面临着自然衰退、建设性破坏、空心化、文化失落、保护政策缺失、开发性破坏以及可持续发展受阻等严峻问题。传统建筑是民族特色村寨的物质符号，是民众精神文化与信仰的载体。特色民居是民族地区历史

① 盘小梅，汪鲸. 边界与纽带：社区、家园遗产与少数民族特色村寨保护与发展——以广东连南南岗千年瑶寨为例［J］. 广西民族研究，2017（2）：111-117.

文化遗产的重要组成部分及不可再生的宝贵文化资源。少数民族特色村寨赖以存在的基础是传统建筑遗产文化。例如，井头湾瑶寨现有保存完好的明清古建筑有200多间，勾蓝瑶寨、上甘棠瑶寨都是以古建筑遗产在区域内享有盛誉。古建筑保护过程中遇到了诸多问题，除去被列为国家级、省级文物保护单位的历史建筑得到较好保护以外，其余村寨的特色民居仍然遭受着自然老化和人为破坏的困境。

靠什么保护老屋呢？少数民族特色村寨的保护核心点之一是修缮老化和破败的传统民居，原则是在保持原有风貌的基础上"修旧如旧"。传统民居如生物体一般具有生命周期，需要人去养护。老屋衰败的主要原因是无人居住。我们在调查过程中发现传统民居除了极少数有老人居住外，大多处于"空心"状态。这些民居修好后，能维系多久则谁都不清楚。如何修缮传统民居呢？传统建筑的维修人员貌似具有文物施工资格，但这些外来施工人员，既不了解本地文化，又不像当地匠人一样，对建筑没有敬畏，在材料选择、修复工艺上追求形式的雷同。修缮的建筑与传统建筑比较失去了灵魂，不仅本地人连外来游客都能看出端倪。为了恢复古村落的意蕴，对少数民族特色村寨的部分倒塌的老屋还要按照原样新修，这些看似古色古香的"古镇""古村"在中国大地上拔地而起，实则文化内涵单一、文化灵魂缺失、经济效益低下、空间布局错乱①。旅游开发的过程中，也存在"开发性破坏"现象。在一些旅游开发火热的瑶族村寨，不少传统建筑整体规划重建，导致村寨内部结构改变很大，使传统特色村落"空有其壳"。传统建筑的外形可以修复，但附属其上的文化灵魂却难以复活。过度商业化引发"文化泡沫"现象。一些地方为了吸引游客，增加文化旅游"体验感"，不惜在传统文化上"画蛇添足"，通过随意嫁接的形式达到丰富少数民族地方传统文化的目的，但有时这是对少数民族地方传统文化生态的破坏。

---

① 吴忠军，代猛，吴思睿. 少数民族村寨文化变迁与空间重构——基于平等侗寨旅游特色小镇规划设计研究［J］. 广西民族研究，2017（3）：133-140.

二、特色村寨产业缺乏竞争力

并不是所有的少数民族特色村寨都可以借助传统建筑发展旅游业，从而用旅游业取代农业成为支柱产业。在我们调查的几个瑶族特色村寨，除了连南排瑶南岗瑶寨外，其他的特色村寨旅游带动作用不明显。发展的最终动力在于产业支撑。大部分瑶族特色村寨自国家启动“八七”攻坚扶贫计划以来，都在享受国家扶贫政策的支持，进驻过扶贫队。培植特色产业是扶贫工作队的努力目标，但成功者寥寥。少数民族特色村寨保护与发展项目叠加精准扶贫、美丽乡村建设、古村落保护等国家政策，少数民族特色村寨的发展迎来了绝佳的历史机遇。

如何培育既与地方文化特色相适应，又具有市场竞争力的特色产业，是少数民族特色村寨保护与发展过程中难以跨越的门槛。从瑶族现有的特色村寨看，产业缺乏特色与竞争力是普遍问题。这些特色村寨的产业基本上在政府有关部门的动员下通过土地流转种植水果、茶叶，或者通过与种养殖型农业规模企业合作，农户充当“公司+基地+农户”模式的下游。该模式的弊端是农户被企业资本绑架，成为企业市场风险的转嫁者。黄家塝瑶寨的支柱产业是茶叶，据当地村干部介绍，该村近年来发展了 3 000 多亩茶叶，户均 15 亩，每亩收入在 1 500 元左右，是农民收入的主要来源。在访谈中，一位农户告诉我们：

“茶叶的效益主要取决于合作社的收购，合作社有的年份不收购，有的年份收购，合作社加工的茶叶主要是套牌，主要销往郴州和韶关的农村，市场狭小，效益不好，有几年都销不出去。”（资料来源于 2019 年 1 月 20 日笔者在莽山瑶族乡跳石子瑶族村对 DLG 的访谈）

与黄家塝村类似，汝城县旱塘瑶寨也以茶产业为主，该村的硒山茶因富含硒元素而被消费者认可。但该村的茶产业处于无序竞争状况，全村仅手工茶叶作坊就有 15 家，大都生产低端的茶叶，销往汝城县农村。这 15

家茶叶加工作坊，只有两家有自己的包装。

发展民族文化旅游，依托文化旅游带动少数民族特色村寨可持续发展，进而实现小康梦是少数民族特色村寨保护与发展的落脚点。然而，除了排瑶南岗村具备旅游带动发展潜力外，其他瑶族特色村寨民族文化旅游基本上处于起步阶段，旅游拉动经济发展的道路漫长。上甘棠瑶寨、勾蓝瑶瑶寨、井头湾瑶寨，每年虽有超过20万人的游客到访，但多数游客留不下来，只是"到此一游"，消费水平不高。消费者留不下来的主要原因是这些特色村寨的旅游资源有限，除了雷同的传统建筑外，难有其他旅游资源。传统建筑的村落布局、建筑艺术大体相似，民族文化与产业经济耦合度低，对消费者吸引力有限，附属于其上的非物质文化也类似，无外乎是歌谣与同质化的舞蹈。

三、传统文化活态保护不足

传统建筑在失去原有文化元素的同时，以习俗、信仰、仪式等样态呈现的民间文化也在不断消失与变异。旱塘瑶寨、黄家塝瑶寨、三江口瑶族镇、沙洲瑶族寨的年轻一代基本上都不会说本民族语言，对本民族的文化习俗、历史传统以及生产生活中的技艺出现"失忆"。黄家塝瑶寨历史上曾经有人工造纸技艺，现在还保留了造纸池等人工造纸技艺遗址，但除了少数老人知道这一传统技艺外，许多年轻人都没有听说过。二峰瑶寨保留了部分过山瑶文化，拥有可以主持"还盘王愿"的大法师，也有在"还愿仪式"上唱"奏铛"歌谣的歌女、歌娘。但这些歌女、歌娘离开歌书就难以歌唱，与之前那些脱口唱三天三夜不歇息不重复的歌王、歌后相比，已是天差地别。由于居住于瘴气、湿气笼罩的南岭山区，瑶医在与自然的抗争中积累了丰富的治疗风湿性疾病的地方性知识，但在城镇化及现代医学冲击下，这些民间保健知识也逐步淡出了历史舞台。

瑶族传统服饰尤其是女性的服饰蕴藏了丰富的历史文化及地方性知

识，瑶族织锦是瑶族代表性文化符号，遗憾的是这一艺术性的民族技艺即将消失。瑶族的歌舞如长鼓舞、度曼尼、蝴蝶歌、盘王大歌以及“还盘王愿”“度戒”“挂灯”等祭祀仪式都带有特定的文化语境和生态。离开了具体的文化语境和生态，其艺术性、审美功能、教化功能将失去依据。

活态传承民族文化的承担者是地方性知识的持有者，这些民族文化精英普遍年纪偏大，而年轻一代因受城市的吸引，离开故土外出寻求发展机会，愿意传习传统文化者甚少，导致瑶族非物质文化的传人日见希少。在特色村寨建设中的最大现实困境是城镇化拉力和落后的农村的推力，或者说，城乡二元结构导致大量作为民族文化符号的村民外出务工，少数民族特色村寨中相当一部分文化传承的活载体离开本土，他们身上具有的文化符号在外移过程中随之淡化①。“还盘王愿”仪式是瑶族历经千年的文化绝唱，也是瑶族传统文化的“储存器”。长鼓舞、盘王大歌等国家级非物质文化遗产都是其中的有机组成部分，但随着老师公的相继离去，在整个湘南一带，现存能主持该仪式的法师不到10人，瑶族传统文化的活态传承遭遇了前所未有的危机。在少数民族特色村寨保护与发展过程中，活态保护民族优秀文化成了不可回避的问题。

第四节　瑶族特色村寨保护发展存在问题的原因

瑶族特色村寨蕴含的多重价值已成为共识。瑶族特色村寨保护与发展政策实施以来，在社会、经济、文化、居民获得感方面，成就显著。同时，存在的问题也不容小视，“民族特色村寨保护与发展大多局限于民居改造或某一方面，没有达到政策目标。”②对这些问题进行剖析可概括为城镇化背景下，传统建筑民族特征逐渐弱化；家园遗产失落，文化特色丧

① 李忠斌. 固本扩边：少数民族特色村寨建设的理论探讨［J］. 民族研究，2016（1）：27-37.

② 李安辉. 少数民族特色村寨保护与发展政策探析［J］. 中南民族大学学报（人文社会科学版），2014（4）：42-45.

失；文化主体边缘，利益连接机制不健全；等等。

一、城镇化背景下，传统建筑民族特征逐渐弱化

少数民族特色村寨的民族性表现为村寨物质形态与空间体现民族文化。其中，民俗、宗教对民族村寨空间的形态影响最为显著，比如关乎村民公共福祉、信仰的建筑物或场所常常处在村落空间中的中心位置。

伴随着农村现代化、城镇化的多重挑战和冲击，越来越多的少数民族特色村寨正遭受“持续性破坏”。民族国家的现代化进程使即使是最偏远的少数民族地区村落也被纳入国家管理和文化现代化之中①。地处南岭山区的瑶族特色村寨面临着民族性不断弱化的严重问题。随着现代化、城镇化进程的推进，城市化生活方式逐渐渗透到特色村寨，越来越多的村民在追求现代化的过程中主动遗弃传统的服饰、住房、习俗，信仰观念也悄然发生变化。个别地区在新农村建设的背景下对村落进行规划再建，使得乡村格局被改变，村落的特色逐渐丧失，乡村的田园形态在被规划的过程中为城乡一体化建设付出了代价②。

城镇化发展进一步加速了传统村落的变迁与重构。受城市拉力和乡村推力的影响，加上南岭山区毗邻珠江三角洲，劳动力人口流动密度与频率大。自发的人口流动使少数民族特色村寨人烟稀少，村庄“老龄化”和“空心化”现象十分严重。行走在瑶族村寨，难以看见中青年劳动力在家劳作，村庄“空心化”已成为事实。少数民族特色村寨“空心化”体现在多个层面，包括人口空心化、住宅形态空心化、社会服务空心化，甚至是文化空心化。随着社会的发展、农民观念的转变以及农民对城镇生活方式的渴望，部分少数民族特色村寨由于无序新建与翻建住房，造成新建筑与

---

① 陶琳. 社会交换理论视野下传统村落精英结构变迁简析［J］. 思想战线，2011（4）：141-142.

② 莫妮娜，许晋，李艳菊. 新农村建设中传统村落形态延续探讨［J］. 农村经济，2014（8）：22-25.

历史建筑、乡土风貌极不协调，破坏了少数民族特色村寨的古风古貌。

二、村民保护意识缺失造成家园遗产失落

人口流动带来的是文化流动、观念变化，在新语境中，流动的人口被现代物质文明、精神文明侵染，价值观、审美观也随之变化，造成传统文化传承出现断层，瑶族特色村寨还面临着“家园遗产”不断消亡的问题，即文化所有者——村民对传统文化轻视、不珍惜。纵观现在的少数民族特色村寨，传统民间艺术大多“奄奄一息”：丰富的民间文艺活动慢慢退出人们的公共生活，曾经美观的雕花门窗被铝合金门窗替代，技艺精湛的窗花也被千篇一律的印刷画取代。虽然有学者为传统文化的消失痛惜，然而文化持有者的保护与传承意识却严重缺失，对传统文化的价值认识不足，陷入“有用与无用”的悖论，直接导致一些传统文化的快速消亡。

追求利益最大化导致“开发性破坏”，以地区生产总值为政绩考核的唯一指标的弊端，使得地方行政主体对少数民族特色村寨保护意识淡薄，对其价值的认知停留在旅游开发上，片面追求经济价值，“把古迹当景点，把遗产当卖点”，盲目建设，拆旧建新、拆真建假，严重破坏了传统村落原有文化特征和原生态自然环境。过度追求经济利益往往会使得开发利用与保护成为对立面，“文化商品化”现象加剧，使得传统文化丧失了原有价值，同时对少数民族特色村寨的“家园遗产”造成严重破坏。

三、文化主体边缘，利益连接机制不健全

对于瑶族村寨特色文化，村民是文化的持有者，作为文化主体的他们为何保护意识薄弱？难道他们不珍惜前人的智慧，缺乏文化自信吗？我们认为，根源在于村民对瑶族特色村寨的保护与发展没有话语权。从新农村建设到美丽乡村建设直至精准扶贫、乡村振兴，国家对农村的支持力度前所未有。瑶族特色村寨多数集中国历史文化名镇（村）、传统村落、美丽

乡村、精准扶贫村于一身，叠加享受政府的各种支持，而这种支持基本上都是以项目形式实现的。

作为少数民族特色村寨的主人，村民对这些项目的实施并不具有话语权。基本上是乡镇干部和工作组决定各种项目的投资，项目资金的使用分配权在地方政府手中，做什么、不做什么，连村干部都只有执行权利与矛盾纠纷处理责任。基层干部在村民心中地位不高、权威不够。一些村民对政府倡导的各种项目，基本上采取不信任、不关心、不支持的态度，自觉或不自觉地处于村落社会政治的边缘，自然对村寨文化遗产的保护漠然视之。

资本在少数民族特色村寨的保护与发展中起到了至关重要的作用。瑶族特色村寨的资本除了政府投资外，还有社会资本，一些农业企业对特色村寨良好的生态、丰富的森林资源、连片且容易流转的山场土地兴趣满满。在政府将水、电、路等基础设施完善后，这些民间社会资本开始进驻农村，与民争利。资本下乡的动力在于逐利，除去少部分村组干部可以在资本下乡运动中获取一定利益之外，其他村民大体上被拒之于利益链条之外。村民难免失望，进而保持观望的态度。

第五节 “活化文化”与“家园再造”：瑶族特色村寨可持续发展的策略

瑶族特色村寨大多散居于南岭走廊山区，远离政治经济中心，但却是文化的富矿区，传统文化资源丰富。少数民族特色村寨的保护与发展具有多元价值，已成为共识。在现代化、城镇化进程加快的背景下，少数民族特色村寨的保护出现了诸多问题，有的问题不应回避。问题的出现成因复杂，其解决的策略也不宜单一化。特色文化是少数民族特色村寨的“魂”，家园遗产是少数民族特色村寨的“根”，特色产业是少数民族特色村寨可持续发展的驱动力。因此，活态保护少数民族特色村寨文化；平等协商，形成利益共享机制；在乡村治理中，赋予村民话语权成为激发村民的内生动力，推动瑶族特色村寨可持续发展的有效策略。

一、活态保护特色村寨文化

瑶族特色村寨是瑶族顺应自然、利用自然的物化成果，是各种自然地理环境和人文社会发展条件综合作用的产物。对于没有文字的瑶族而言，村寨就是瑶族文化的载体，聚落形态、民居建筑艺术、人居环境等构成了民族文化景观、村落记忆的基石。

瑶族传统文化除蕴藏于建筑、服饰等物质载体之中外，还存活于宗教仪式及日常生活之中，并或直接或间接地发挥作用。瑶族的“奏铛”活动，实为瑶族历史文化的基因库，瑶族长鼓舞、盘王大歌等国家级非物质文化遗产都是“奏铛”歌谣的有机组成部分，瑶族各种民间艺术大多与“奏铛”活动有关，可以在“奏铛”活动中找到艺术之源。此外，瑶族文化、地方性知识还存活于日常生产生活实践之中，如瑶族织锦、瑶族医药、手工造纸术、农业知识、节气知识、民族技艺等。这些源于生产生活服务于生产生活的地方性知识，本身就具有活态性，有的仍旧在当下发挥作用。

保护瑶族特色村寨文化，最好的办法是延续瑶族文化的活态属性，赋予其日常生活属性，保护瑶族文化赖以存活的生态。从物质层面看，我们应保持民居的传统建筑艺术特色，拆旧新建尤其要慎重。民居离开聚落，犹如脱离了母体，放弃生态，将失去意义。因此，民居的保护应纳入聚落的整体保护范畴。传统的聚落布局独特，采自然之精华，或依山或伴水，纵横交错中不乏重心，总体平衡中不缺美学。

聚落的活态保护，为少数民族特色村寨文化提供了载体。从意识形态层面看，我们应对瑶族特色村寨传统文化在形式与内容方面实行创造性转化，结合变化了的语境，赋予传统仪式、民间艺术以居民喜闻乐见的形式，同时在内容上注入当代性，与社会主义核心价值观进行有机融合，体现时代特征的同时，发挥其教育功能。

二、平等协商，形成利益共享机制

人是文化的主体。活态保护文化含义有二：一是保护瑶族特色村寨的文化习得者和传承者，二是保护文化赖以存活的生态。在城镇化背景下，受农村推力、城市拉力的影响，瑶族特色村寨的劳动力大量外流，部分村寨成了“空心村”，人口的“空心村”必然也是文化的“空心村”。少数在农村坚守者，对民族文化漠视和选择性“失忆”。如何让瑶族特色村寨人口回流及留守村民充满“文化自信”是瑶族特色村寨保护与发展应努力破解的瓶颈。

村寨人口的回流与人口的迁移一样，要使瑶族特色村寨具有吸引力。现有条件下，建立利益共享机制，借助机制处理好各利益主体之间的关系是瑶族特色村寨保护发展过程中的有效路径之一。在瑶族特色村寨保护与发展的过程中，各利益主体由于利益点不同，往往会产生冲突，如村落主体和保护主体错位、居民需求和保护需求错位等。因此，完善社区内的利益分配机制，使各利益分配趋于均衡，可以减少社区内各利益主体的冲突和矛盾。

利益共享机制的形成与参与机制的完善有内在的联系，也是使村寨文化持有者的社会地位由边缘转为中心的关键。吸纳文化主体参与瑶族特色村寨保护发展，需要整合各方力量，在博弈中建构一个协商对话的平台。农村合作社，因其在农村中具有历史基因，被各方利益主体推崇。中国农民天生具有合作的意愿。问题在于农民怎样才能实现合作？让村民做主，目的在于激发村民参与瑶族特色村寨建设的动力，不再置身于瑶族特色村寨保护与发展之外。吴重庆等人认为，农民合作需要充分尊重农民的自主自愿选择，政府和基层党组织发挥引领作用①，赋予农民与资本投资方同等的权利。我们在南岭走廊瑶族村寨调查发现，大部分瑶族特色村寨为了发展旅游，成立了旅游合作社，肩负的历史使命是处理基层的各种复杂的纠纷，如文化旅游资源的整合、土地资源的流转、村庄的美化和绿化等。令人遗憾的是，这种合作社的生命力并不旺盛，在旅游前期开发完成后，旅游合作社基本上流于形式，少数骨干分子被同化为资本利益的代表。

构建各方利益主体都能接受的利益共享机制取决于少数民族特色村寨保护与发展主导者的立足点。无论是从主位的观点审视村民的文化，还是从客位的立场批判村民的小农意识，都会起到关键作用。尊重村民最好的方式是给予他们平等的权利，让他们有尊严地参与村寨的事务，让在一定程度上失衡的村庄利益恢复新的平衡。

三、在乡村治理中，赋予村民话语权

现代化发展进程中各种力量渗透进乡村，原有的伦理道德体系逐渐瓦解，传统乡村社会治理的文化基石松动，加上国家权力和更加复杂多元的市场利益主体进入乡村，乡村治理面临巨大的挑战。

瑶族特色村寨借助地理空间的屏障，一定程度上阻隔了现代文明的入侵，保留了部分民族性的文化。如前文所述，瑶族特色村寨文化同样面临着严峻的保护与发展危机，根源之一是村民由话语权缺失导致的瑶族特色村寨文化主体边缘化，进而远离村寨中心，最终导致的结果是特色村寨保护主体缺失、力量不足。在瑶族特色村寨保护中赋予村民应有的主体地位，激发村民的内生力量是瑶族特色村寨保护的有效路径。在科层制体系下，底层的村民显然难以自动获得话语权，需要少数民族特色村寨保护设计者在包容开放中赋予基层民众参与治理的权利。

乡村治理的目的在于维持乡村发展的秩序。瑶族是个拥有 2 000 多年

① 吴重庆. 小农与扶贫问题 [J]. 天府新论，2016 (4)：6-12.

文化史的民族，瑶族村寨和瑶族社区以秩序井然、人与自然和谐共生为世人所乐道。秩序井然的背后蕴含着一套地方性的治理逻辑和治理智慧，集中体现为拥有一套成熟的治理体系。瑶族的治理体系以“瑶老制”为核心，治理内容涉及生态治理、日常生活矛盾化解、生产秩序维系、社会风险防范控制、对外联络等。例如，在生态治理中形成了独特的“猪鸡混养”“稻田养鱼”“茶树与鸡放养”等模式，瑶族的这些治理智慧在新时代对解决瑶族特色村寨发展过程中的问题，构建起促进瑶族特色村寨有序发展的内在机制仍具有价值，我们应赋予其时代内涵，实现创造性转换和创新性发展。

瑶族特色村寨保护要求文化主体参与治理，强调自下而上的社区参与的重要性。瑶族所处地区具有丰富的地方性知识，传统的道德与乡规民约仍在不同程度上起着作用。弥补政府主体的治理体系单一的不足，“瑶老制”仍旧在发挥作用。

第六节 本章小结

瑶族特色村寨是瑶族人民在与社会、与自然不断抗争中集体智慧结晶的产物，也是瑶族地方性知识的载体。瑶族特色村寨在凝聚族群认同、打造信仰空间、打造共同家园、与全国人民同步奔小康上仍旧具有重要意义。

城镇化背景下，瑶族特色村寨保护与发展在各种政策叠加下，虽然取得了不俗成绩，但与其他传统村落一样遭遇了种种保护难题。特色建筑自然损毁、人口外流、村民缺乏文化自信、特色村寨产业发展缺乏动力等。虽然这些问题是发展过程中的问题，但如不引起重视将给瑶族特色村寨带来致命影响。瑶族特色村寨保护难问题的原因复杂，集社会、保护主体、产业推动于一体，呈现出系统化倾向。这些问题的解决也需要多重驱动力。其中需要在自然状态下保护瑶族特色村寨的文化生态，包括对物质与非物质文化进行活态保护。通过协商机制的引入，形成利益共同体，构建利益共享机制，以此化村寨保护的客体为主体，激发民众的参与热情，把话语权还给村民都是解决瑶族特色村寨可持续发展的策略。

瑶族特色村寨的保护与发展是一个动态过程，任何可能的“结论”都只具有相对合理性。瑶族特色村寨遍布于南岭走廊山区，这些村寨，如瑶族支系一样，虽有一定的共同性，但也个性鲜明，本书的研究资料虽然涉及粤北、桂东、湘南等瑶区，但因样本选择及时间空间的限制，局限性难免。瑶族特色村寨的保护与发展永远在路上，随着语境的变化而变迁，我们将持续进行关注，将研究案例置于社会实验场域下，进行监测与追踪，进而在学理与经验层次，为瑶族特色村寨的保护与发展提供支持。

第十章　南岭走廊瑶族村寨精准脱贫的有效路径

第一节　引言

精准扶贫进入了决胜阶段，精准扶贫的成功离不开对贫困成因的准确判断。扶贫攻坚阶段还没有脱贫的贫困户大多为家庭劳动力能力不足，无法参与更深层次竞争的对象。能力贫困是美籍印度社会学家阿玛蒂亚·森提出的，意思是“贫困是由能力不足引起的，且根源于权利不平等，除经济因素影响贫困者的权利外，制度因素、法律因素和社会福利也会影响权利”①。在残酷的市场竞争面前，他们越来越边缘化，能力不足、权利被剥夺是他们贫困的源头。

我们现在实施的贫困帮扶基本上属于外源式扶贫。外源式扶贫固然能缓一时之痛，却终非长久之计。“授人以鱼，不如授人以渔”“扶贫先扶智”，提升贫困劳动力的能力尤其是参与市场竞争的能力和劳动技能，从而充分激发贫困劳动力走内源式发展道路，方可最终解决贫困区域的脱贫问题。

---

① 郭晓娜．教育阻隔代际贫困传递的价值和机制研究——基于可行能力理论的分析框架[J]．西南民族大学学报（人文社会科学版），2017（3）：6-12.

本书主要关注针对贫困家庭劳动力就业技能提升的培训问题，最终指向于南岭走廊瑶族区域就业培训在精准扶贫、精准脱贫过程中扮演的角色。本书考察就业培训体系建设问题，运用参与式方法对培训的成效进行评估，进而在此基础上就存在的问题进行反思。

第二节　就业培训体系

提升贫困群体劳动力的发展能力，实施智力扶贫成了“拔穷根”的共识，而能力的提升离不开职业教育尤其是就业培训有效性的发挥。就业培训提升贫困劳动力的人力资本，是一个系统工程，涉及把教育主体和客体联系起来的培训组织、培训内容以及形式等方面。

一、培训组织多元化

培训组织是贫困劳动力就业技能提升的载体，在南岭走廊湘南瑶族区域存在着三种类型的职业教育组织人：一是政府主办的教育组织。例如，地方政府主办的职业中专。它们在实施中等职业教育的同时，也承担了一些贫困劳动力就业技能培训之类的项目。此外，各县人力资源与社会保障局下设的职业技能培训中心既负责该区域技能培训的组织和管理，也在一定程度上承担部分技能培训。二是民办职业教育组织。随着培训市场的逐步开放，一些民间资本在逐利思想支配下，利用灵活的机制体制开办了一些民办职业教育组织。这些民办职业教育组织，虽然师资、场所短缺，但能利用强大的网络资源，游刃于教育培训市场之间。三是扶贫企业主办的培训机构。国企帮助贫困地区精准扶贫、精准脱贫已成为一种常态。中铁集团在宜章、桂东等瑶族区域利用其完善的职业教育培训体系，也主动承担培训工作。其所辖的武汉铁路桥梁高级技师学校先后为扶贫联系点开设了三期培训班，定向为中铁集团各项目部推荐专业人才。

二、培训内容丰富

培训组织是实现提升劳动力就业技能培训的前提，贫困区域贫困劳动力能否实现充分就业，要归因于学到了什么样的技能，提升了什么样的能力，这就是培训内容设置层面需要讨论的问题域。培训组织的多元性决定着培训内容的丰富性。培训什么，取决于教育组织的师资、设施以及区域社会经济文化发展的需求。各地职业中专承担着大量的学历教学任务，其培训内容基本上与原有的专业设置吻合，此外还会开展一些具有地域文化特色和产业特色的培训。民办教育组织出于培训成本的考虑，大多开展烹饪、电焊、水电维修之类的培训，而扶贫企业的培训内容则与企业的工程项目保持一致，带有明显的“项目员工”性。

三、培训形式开放

贫困家庭的劳动力在就业市场中缺乏竞争力，这已是共识，但对农业生产而言他们依旧是核心。如果固守僵化的培训形式，将会影响贫困家庭的农时，进而扰乱他们的生产生活。各培训组织都意识到了这一点，在培训模式上开展了创新探索。一是送服务到家。培训组织把培训地点开在学员家门口，把无需太多教学设备的培训班办在培训对象集中的区域，以此减轻受训劳动力的开支，让他们在家门口就可以享受到培训服务。二是错时培训。参加培训的贫困家庭劳动力多为各自家庭农业生产的核心，他们需要通过耕作获得食物，支撑家用。基于此，培训组织错开农忙季节，选择农闲时间培训既不耽误受训劳动力的农时，又确保了培训效果。三是开放培训。培训组织邀请具有丰富经验的行业企业人士，甚至地方性专家授课。这些授课教师虽然理论储备不足，但实践经验丰富，往往比体制内的教师更能带给受训劳动力收获。

第三节 职业教育培训效果评估

南岭走廊湘南瑶族区域就业培训提升贫困劳动力技能项目与精准扶贫的实施同步，几年来成效如何？这是我们所关注的问题。在调研过程中，我们主要运用参与式评估方法就取得的成绩和存在的问题从社会经济效益维度进行评估。

一、取得的成绩

（一）贫困对象思想意识得到转变

20世纪90年代以来，世界银行超越仅从物质角度测量贫困的做法，主张从物质、心理、政治、社会等维度评估贫困。因为贫困是多面的，所以在扶贫工作上要有更全面的视角和策略，不能简单停留在经济上的援助、产业上的开发与扶持，扶贫还应该关注贫困对象的心理及非物质方面的贫困状况，需要培植贫困人群的主体性①。该理论主张从文化层面对贫困对象进行帮扶。就业培训传递的不仅是技能，更多的是拓宽贫困对象对贫困的认知，使贫困对象思想意识得以转变。

走访桂东县J村时，我们对一个瑶族村民进行访谈，她告诉我们：她家有4口人，为建档立卡贫困户。2014年，人均收入低于2 000元。加上缺少技术、身体不好，全家的生活来源依靠政府的低保救助，对摆脱贫困不抱希望，但相信政府会管她的家庭。2016年春，她在镇政府干部的动员下，参加了桂东县人力资源与社会保障局下设的职业技能培训中心举办的高山荷花鱼养殖技术短期培训班。她通过培训掌握了养殖技术，在政府部门金融扶贫政策的支持下，贷款3万元，养了3亩禾花鱼，2016年家庭收入达到3万元以上，基本实现脱贫，对未来的道路也充满了信心。

---

① 吴重庆. 内发型发展与开发扶贫问题［J］. 天府新论，2016（6）：1-6.

就业培训背后的深层次意义在于揭示就业观的转变，贫困意识的提升对贫困家庭脱贫具有重要意义。

（二）隔断贫困代际传递的路径

学术界在总结反贫困实践时，提出了多种概念和理论，其中贫困的代际传递概念为社会学学者所熟知。贫困代际传递的意思是父母较低的社会经济地位通过某种潜在的机制传递给子女，使其在成年后继承父母的贫困。切断贫困家庭贫困代际传递的路径，从源头上拔“穷根”最好的方法无疑是通过就业培训提升贫困家庭劳动力的内在素养，激发他们的内在潜能，通过较好质量的就业获得被社会认可的地位。

劳动力接受教育程度的高低与经济增长具有正相关关系。实际上，造成贫困的最主要原因在于贫困主体人力资本存量不足。由于缺少相关技术、资本等生产要素，贫困人口长期缺少“造血”的原材料和途径①。人力资本的多寡与获取包括经济利益在内的各种利益的多少如影相随。阻止贫困家庭贫困代际传递的有效途径之一是提升人力资本，帮助他们习得一技之长，获得参与市场竞争的能力。江华瑶族自治县一位扶贫官员向笔者介绍：“这几年，通过就业培训帮助 2 000 多户贫困家庭的年轻劳动力实现了较为满意的就业，在精准脱贫中发挥了积极作用，没有就业培训，他们的后代还将继续陷在贫困的泥沼之中。”职业教育培训给贫困家庭带来的意义远非输送一名劳动力这样简单，提升的是人力资本，带来的是一个家庭未来的无限空间。

（三）促进就业，提升经济能力

就业扶贫的最终指向是提升贫困家庭劳动力的就业率，在就业市场中谋取职位，从而在市场交易中获得利益。我们在南岭走廊瑶族区域调查过程中发现，该区域贫困家庭的贫困原因大多是家庭劳动力没有实现充分就业。除去就业能力完全丧失的残障人士外，其他贫困劳动力没有就业或者

① 李政．职业教育供给侧结构性改革的现实之需［J］．教育发展研究，2016（9）：65-70.

就业质量不高，很大一部分影响因素是接受教育时间不够，缺少一技之长。考量就业培训成功与否的标志之一是看是否促进了就业，是否提升了贫困家庭的经济能力。

“我们全家是4口人，老婆患慢性病，儿媳也是残疾，都呆在家里没事做，由于家里穷基本上不跟其他人交往，没事经常不出门。我们主要靠政府的定期困难救助维持生活。感谢政府的帮助，2016年秋，我老婆参加家政服务学习，儿子参加电焊班学习手艺，在政府有关部门的帮助下妻子、儿子结业后都实现了就业，现在在本地打工，每个月都可以赚到三四千元，吃饭穿衣问题基本解决了。”（资料来源于笔者对被调查对象的访谈。）

就业培训扶贫之所以受到各扶贫主体的青睐，背后的原因在于通过外力介入贫困劳动力内部；通过某种刺激性手段达到激发贫困劳动力内在潜力，由此在劳动力市场中获得均等化利益的资本。南岭走廊湘南瑶族区域的就业培训参与扶贫对象职业技能培训以来，最明显的成效莫过于一定程度上提升了贫困对象的就业能力，在此基础上提升了经济能力。

二、存在的问题

以提升就业能力为导向的就业培训在贫困区域精准扶贫、精准脱贫中发挥的作用是显而易见的。与此同时，我们也不能忽视其存在的问题。根据调查资料，我们认为南岭走廊湘南瑶族区域就业培训中存在的问题主要如下：

（一）基层动员不够，贫困劳动力认识不足

区域内各级部门对就业培训给予了高度重视，层层设立领导小组总负责，财政拨款逐年增加，列入了扶贫年终考核的范畴，但落实起来还是有些难。一位在乡镇从事扶贫工作的基层干部向我们抱怨道：

“受封建思想的影响，有不少贫困户家长认为，从高等学府出来考上

公务员当上干部才是子女真正的出路，也是最现实的理想。不少贫困户家长对于学习实用技能及做“蓝领”工作不理解、不重视。有的贫困家庭因子女多、缺乏劳动力，宁可让孩子弃学打工或在家务农，也不愿意让孩子多学一门技术增强就业本领。部分贫困家庭对好的扶贫培训帮扶政策视而不见、漠不关心，宣传动员工作难做。”（资料来源于笔者对被调查对象的访谈。）

该干部的抱怨有些偏颇，带着刻板印象，给不愿参加培训的贫困劳动力扣个“封建思想”的帽子，但在一定程度上也反映了我国职业教育的生存状态以及民众对就业培训的理解，同时还折射出了基层动员的不够。扶贫主管部门采取的动员方式，一是层层分解培训指标。市分到县，县分到乡，乡分到村。村干部游离于体制之外，工作千头万绪，就采取多种方式应付。二是张贴海报。海报主要贴在村委会办公室门口，贫困劳动力对此类海报格外冷淡，基本上漠视。三是基层干部的个别动员。责任心强的村干部会对上级的精神进行宣讲，有的还会有针对性地走访。由于基层动员不到位，加上就业培训本身存在的先天性发育不足，在民众中的地位不高，直接影响了培训效果。

（二）培训内容模式化，缺乏地域特色

培训过程中的专业设置、内容选择将直接影响培训对象学到了什么。学什么与贫困群体劳动力就业能力的提升与否有直接的逻辑关系。渴望摆脱贫困的群体却对就业培训反应冷淡，除了动员不到位外，培训内容设置模式化、不接地气也是其中原因。我们在永州、郴州等湘南瑶族区域调查时，发现各地的培训专业、培训内容大体相似，都以电子商务、计算机应用类为主，缺乏民族特色与地方特点。“职业教育专业融入片区特色产业链特点不明显，片区特色产业发展所需的相关专业力量薄弱”[①]。那些传统

① 唐智彬，刘青. “精准扶贫”与发展定向农村职业教育——基于湖南武陵山片区的思考［J］. 教育发展研究，2016（7）：79-84.

的与日常生活相关、经过历史积淀、充满地方文化智慧的技能更适合当地民众，也更受当地民众的认可。

（三）培训与就业存在脱节

针对贫困劳动力进行就业培训的直接目的是实现就业、培养产业工人，达到“培训一人，输出一人，脱贫一户”的目标。对接就业市场对农村贫困劳动力进行加工，达到“输出”标准，是制度设计者的初衷。衡量一项制度好坏的标准，不是依赖制度设计者的智慧多少，而是取决于制度适用对象的认可度高低。在我们调研的几个县，培训制度可谓完善和严密，从组织领导、财政支持到监督机制都有一套制度追踪，然而底层困难群体的冷漠反应让人直呼“意外”。

其原因在于制度设计者的理念与底层困难劳动力的需求之间出现了脱节。需要注意的一个现象是，贫困家庭劳动力为什么不外出打工？对此问题的理解偏颇导致了制度设计者的理念偏离了底层困难群体的正常需求轨道。

贫困家庭留守的劳动力，一部分是返乡农民工，他们返乡的原因或是年纪大了体力不如从前，岗位也难找了，或是上有老、下有小，需要兼顾家庭。另一部分是一直都在家务农，管理责任田和自留地，确保不用买米吃。对这些留守劳动力的就业培训定格为电子技术类的，显然他们的兴趣不大。如此看来，培训课程与就业导向之间存在着严重的脱节。

第四节　就业培训介入精准脱贫的建议

通过就业培训贫困区域的劳动力，以此为路径提升就业能力，达到“培训一人，输出一人，脱贫一户”的目标，貌似美好，实则不然。贫困区域留守劳动力在结构上具有复杂性，以模式化的政策推动，成效难以预料。我们认为，在南岭走廊湘南瑶族区域实施就业培训帮扶脱贫，应注意以下几点：

一、立足自主创业，完善培训体系

南岭走廊湘南瑶族区域留守农村劳动力大多为中老年人，他们选择在家多数是为了照顾家庭。引导他们就业不如扶持他们在家门口选择他们熟悉的农业项目进行创业。生于斯、长于斯，贫困群体懂得如何选择与地方地理环境、乡土文化相适应的小型农耕项目。创业需要资金及参与市场交易的社会资本，因此作为外来扶贫主体的政府和企业，与其在贫困群体中倡导“就业为导向”的理念，不如在完善救助体系上下功夫，给有意通过自主创业脱贫的贫困劳动力解决融资难、融资贵的问题，协助他们把农产品推向城市，实现城乡合作。

二、对接历史文化传统，丰富培训课程

南岭走廊是苗族、瑶族等少数民族的主要居住区。经济上处于边缘，文化上却是中心。据有关部门统计，仅郴州市就有16个门类7 848项非物质文化遗产，其中省级以上的28项。由于历史上形成的“分割”，这些文化大多绵延至今，仍旧在日常生活中发挥着积极作用。

历史上形成的文化，在树立民族文化自信方面具有不可替代的作用。“民族职业教育不仅要体现职业性，更要完成丰盈内涵、拓展功能和涵养文化的使命，要做到适应民族、文化、地域和民族经济的现实需要，又要推动传统与现代的整合。”① 在对贫困群体劳动力进行职业培训的时候，我们应从贫困区域的历史现状出发，丰富培训课程。一是培训当地族群熟知、充满地方性智慧的课程，如围绕安全食品的生产、地方禽畜的饲养、地方物种的耕种为培训内容。二是将非物质文化遗产融入培训课程。优秀的非物质文化遗产是一个族群的“根”，是地方区域发展的原动力。

---

① 黄红焰．打民族牌 走特色路——职业教育助推南岭民族走廊瑶族区域发展［J］．中国民族教育，2013（11）：7-9.

三、围绕贫困治理，储备社区领袖

多维贫困的观点为各界人士所接受。贫困既是物质的短缺，也是文化的滞后，还是区域社会的不平等。贫困问题的解决离不开经济的发展、文化的繁荣、社会的公平正义，因此贫困问题本质上是一个区域社会的制度问题、社会结构问题和文化问题。从根本上解决贫困问题，需要社会治理全方位参与贫困区域的乡村建设。

社会治理的实现离不开人才的储备。在我国反贫困过程中，以公共治理角度切入反贫困的发展干预除政府主导的发展干预外，还存在以社会组织为代表的社会性力量的发展干预[①]。区域性社会组织的发起者，往往是地方精英或社区领袖，他们较外来的“和尚”更能念好“发展经”。社区领袖的形成既依赖于自身的禀赋，在社区发展中脱颖而出的道德素质、经济基础、文化素养，又与外在力量的培养分不开。各扶贫主体有计划把社区组织培育，社区领袖培养纳入培训内容，逐步发现潜在的社区领袖，并为之创造成长的平台，实则是为该区域的发展储备人才，社区领袖将会与现有的基层组织领导一起共同解决区域性贫困问题，实现精准扶贫、精准脱贫的目标。

第五节　本章小结

南岭走廊湘南瑶族区域贫困群体的贫困成因多元，既有历史的，也有文化的，还有社会的，各种贫困因素相互交织呈现出复杂性。现有的就业培训扶贫往往预设贫困家庭贫困的原因是劳动力知识储备不够，缺乏一技之长，忽视了贫困劳动力的区域文化因素和个体的历史现实因素，加上培

---

① 覃志敏. 连片特困地区农村贫困治理转型：内源性扶贫——以滇西北波多罗村为例［J］. 中国农业大学学报（社会科学版），2015（6）：5-11.

训课程游离于地方支柱产业、片区特色产业尤其是涉农产业之外，对本土产业的支持有限，效果并不明显。

贫困不仅是物质的匮乏，还表现在文化的不足、区域社会共同体内部的不平等。物质的匮乏是贫困的表象，贫困的本质是制度的贫困和社会结构的不平衡。依据贫困程度的高低，我们可以把贫困区分为“绝对贫困”与“相对贫困”。“绝对贫困”是生命个体生存权利几近于被剥夺的贫困，由于天灾人祸的不可预见性，这类贫困难以避免，需要政府给予兜底保障。“相对贫困”的存在源于社会制度安排不合理，其解决的方式在于尽可能使影响利益的各种制度具有合理性。

为从根本上解决农村贫困问题，我们应从经济、文化、社会三个维度进行努力。经济方面，我们应把个体发展与社区发展深度融合，整合社区资产，通过产业发展整体上提高区域的经济发展水平；文化方面，我们应自觉传承优秀传统文化，引导贫困群体理性看待贫困；社会方面，社会制度的设计应尽可能在制度层面确保公平正义。

第十一章　乡村振兴视角下湘南瑶族区域精准脱贫的实践调查

郴州市汝城县是罗霄山脉集中连片特困地区县，也是国家级贫困县，2017 年 12 月，全县有 81 个贫困村，贫困人口 60 904 人。高等学校承担着人才培养、社会服务和科学研究的三大功能。为了巩固湖南省教育工委党校第 108 期处干班学习成果，在服务社会中提升自身的能力，笔者就郴州市汝城县的精准扶贫、精准脱贫的实践开展为期一周的调研。

第一节　调研方法

在“情牵脱贫攻坚”主题实践活动中，湘南学院驻汝城县调研点的师生主要采用问卷调查法、团体座谈会法、参与观察法以及结构式访谈法对汝城县的贫困情况进行调研。

一、问卷调查法

在调研过程中，我们制作了调查问卷，主要采用问卷调查法进行调查。

二、团体座谈会法

根据调研的需要，我们有选择性地召开了不同层次的座谈会。我们根据需要召开了6个座谈会，如有驻村工作队、驻村干部、村组干部以及贫困对象代表参加的座谈会，座谈会的主要内容除了了解被调查点的贫困情况外，主要集中在如何帮扶贫困村脱贫奔小康的焦点问题上。

三、参与观察法

在调研期间，我们按照“吃农家饭、住农家屋、睡农家床、说农家话、干农家活”的要求，与贫困群体同吃、同住、同劳动，在实践中感受他们的日常生活和生产实践，以此增加对贫困的认知。

四、结构式访谈法

在进行问卷调查的时候，调查组的师生也对各扶贫主体及贫困户进行了访谈。访谈的内容除了调查问卷的内容外，主要集中在贫困原因、产业脱贫、教育扶贫以及基础设施等方面。

第二节　汝城县精准脱贫概况

根据调查组的调查以及调查中收集、阅读的材料，我们认为汝城县的精准扶贫有以下几个特点：

一、精准扶贫基础性工作已经顺利完成

（一）摸底排查工作圆满完成

2014年，精准扶贫开始实施的时候，政策界限有些模糊，许多村落为了争贫困村指标，虚报了一些不符合条件的“困难户”，有些基层干部甚至在低保户和贫困户之间搞“平衡”。这导致了贫困户的底子不够准确，给基层精准扶贫工作带来了挑战性和复杂性。2016年开始，汝城县实施了对精准扶贫对象的再摸底和排查工作，对贫困户的识别采取了一系列规范措施，主要如下：

“四看法”：一看房，二看粮，三看劳动力强不强，四看家里有没有读书郎。

“五评法”：一评生活条件好不好，二评经济收入多不多，三评劳动力强不强，四评教育负担重不重，五评社会保障有没有。

“六个不准”：有大中型农用、工程机械设备、运输车辆的农户；有小汽车与高等消费品的农户；近三年新建住房面积200平方米以上或者已经购买商品房的农户；家庭中有村主要干部或国家工作人员的农户；全家整体外出打工连续三年以上的农户；种养大户。有以上六种情形的人一律不准纳入精准扶贫对象。

汝城县按照上述操作流程和规范对全县所有精准扶贫对象进行了摸底排查，清退了一大批贫困对象，现在剩下的贫困对象基本上为大病重病户、残疾人户、重灾户、低保户以及移民户。

（二）建档立卡工作圆满完成

由于多种原因，汝城县基层贫困户的建档立卡规范化工作一直滞后。汝城县主管扶贫的部门在省级有关部门的支持下，对精准扶贫户进行了规范性的建档立卡，重新填写扶贫手册。这项工作涉及面广，需要一定的耐心和操作技术。湘南学院驻汝城县扶贫调研组的师生利用自己的知识优势，全力协助调研村的驻村扶贫工作组完善和优化精准扶贫对象的建档立卡工作，这也是调研组师生的一项规定动作。在调研组师生的倾力协助下，汝城县所有贫困村精准扶贫对象的建档立卡工作都已经圆满完成。这为精准扶贫工作的顺利开展提供了基础数据平台。

（三）挂图作战工作顺利完成

在调研组看来，汝城县的精准扶贫基础材料做得最扎实的、最好的就是“挂图作战”。在调研组开展调研之前汝城县扶贫主管部门就按照统一的模式在各个贫困村进行了调研“上墙”，整个设计简单明了、主题鲜明，只要把相关数据进行更改便可完成。

二、精准扶贫优惠政策落实较好

精准扶贫区别于过去的扶贫，除了提高精准度外，政策支持力度前所未有得大也是一个显著特点。一位扶贫官员用“四个没想到”概括了正在实施的精准扶贫：“没想到党中央把扶贫工作提高到这么高的位置；没想到习近平总书记抓扶贫抓得这么实；没想到现在的扶贫政策这么好；没想到脱贫验收这么严。”在调研中，我们了解到现在执行的扶贫政策有10类，换句话说就是脱贫攻坚有“十大工程”，涉及生态扶贫、就业扶贫、易地搬迁扶贫和危房改造扶贫、社会保障兜底扶贫、医疗救助扶贫、基础设施扶贫、金融扶贫、产业扶贫、教育扶贫、光伏扶贫等。每一个扶贫类别都有指向明确的帮扶对象、帮扶条件、政策标准、实施单位和责任人。

在调研过程中，调查组发现这些优惠政策不是“面子政策”，而是实实在在影响贫困群体日常生活的惠民政策，都是能及时兑现的利民政策。以下以泉水镇杉树园村的贫困对象为例进行说明：

杉树园村的精准扶贫户中有贫困户104户，396人，其中贫困劳动力150人，在2016年有83名贫困劳动力参加了为期7天的职业培训；2016年11月，有27户享受了小额金融贷款，其中24户委托汝莲茶叶公司进行帮扶，3户自贷用于发展产业；全村贫困户在2016年享受产业补贴11 580元，产业引导资金44 600元；有9户贫困户享受了危房改造补贴，每户1万元；社会保障兜底户28户；享受教育扶贫政策的30人，涵盖了中小学和职业教育学院。

从泉水镇杉树园村的情况看，汝城县的十大扶贫政策在该村都有落地，其中惠及贫困人口比较多是教育扶贫和就业扶贫。其他贫困村因贫困对象的构成不同，享受的政策有区别。但共同点是几乎所有的扶贫优惠政策都能得到较好的贯彻落实。

三、扶贫成效显著

经过扶贫工作队与广大群众几年的努力，汝城县贫困村的贫困面貌发生了显著改变，精准扶贫工作取得了显著成效。其主要体现在以下方面：

（一）贫困村基础设施日趋完善

汝城县除了延寿、小垣、文明、三江口等以前的几个瑶族乡的部分贫困村落外，大多数贫困村的基础设施都得到了极大的改善。几乎每个村落都通了水泥路，都设立了卫生室、村小学、村活动中心，基本农田水利设施等都得到了极大完善。此外，像安全饮水、农村环境整治、农村电网改造、通信服务等公共服务设施有的已经完成，有的即将完成，贫困村的基础设施建设已经发生了质的改变。

（二）扶贫工作网络建立健全

精准扶贫的推行离不开组织平台。汝城县的每一个贫困村都建立了自己的扶贫组织机构。其核心是驻村工作队，每个工作队 2 人，队长为副科级以上干部，驻村工作队在村里吃住，每个月的工作时间不少于 22 天。乡政府还给每个贫困村委派了一名扶贫专干，此外村里还有一名扶贫专干。扶贫工作网络的建立健全为精准扶贫各项工作的落地奠定了组织基础。

（三）构建了完善的贫困对象帮扶体系

经过 2016 年摸底排查后剩下的贫困对象大多数为重病、重残以及重灾户，这些对象仅仅靠自身的能力很难脱贫，需要政府加大扶贫支持力度。据调查组的调研，汝城县在上级有关部门的支持下，已经构建了完善的贫困对象帮扶体系，内容涉及就医、教育、就业、产业发展、住房建设、社会保障等诸多方面，在制度层面为贫困对象的脱贫提供了保障。

（四）精准脱贫工作有序进行

作为罗霄山脉集中连片特困地区县和国家级贫困县，汝城县的精准脱贫难度大，但在各项扶持政策的叠加下，经过全县干部群众的共同努力，精准脱贫工作取得了重大进展，全县 81 个贫困村到 2018 年年底全部脱贫。

第三节　精准扶贫工作中存在的问题

尽管汝城县的精准扶贫取得了重大的进展，但仍旧存在一些问题和困难，在调研组看来主要有如下问题：

一、主要致贫原因

罗霄山脉集中连片特困地区本来就是山区，自然条件稍微好点的村落大多已经整体脱贫，现在没有脱贫的村落基本上是地理位置偏远、交通不便的少数民族村落，如宝南村、快乐村。宝南村交通闭塞，道路不通，全村 25 个组仅有 6 个组通了水泥路，严重阻碍了当地经济发展，部分偏远贫困户前去一趟集镇往返需要数小时，更有甚者需要一整天。快乐村距镇（区）有约 25 千米，居住环境恶劣、资源贫乏、生产生活资料严重匮乏，同时因为交通闭塞与地理位置偏远，边远山区房屋改造、修缮成本大幅增加，生产生活成本远远高于其他地方。又如延寿瑶族乡的城江村，该村被大山阻隔，位于群山之中，山高且陡，雨天容易诱发山体滑坡、泥石流等地质灾害。这里山多人分散，7 个小组分布在深山密林之中，从村部到组里最远的有约 20 千米，且都为山路、荒路。

（一）因灾、因病导致贫困

1. 自然灾害

有的贫困户家庭居住在山脚或自然灾害多发地带，一旦发生较大的地质灾害，根本无法抵御。例如，快乐村中的一个自然村在 2006 年因突发地质灾害致使当地多户房屋损坏甚至倒塌，种植业减产减收，造成贫困或返贫。

2. 重大疾病

虽然村民基本上都已参加新型农村合作医疗保险，但高昂的医疗费用依旧导致一些农民债台高筑。农村基本医疗服务条件差，对贫困农户来说，生病以后不能及时治疗，往往是扛、拖，久拖成大病，治疗费用就成了更加沉重的负担。

（二）基础设施薄弱导致贫困

部分贫困村贫困的原因是村基础设施建设相当落后。有些村主干道都还没有修通公路，自然村之间的联结基本上靠的是自然形成的人行道。部分村落缺乏医务室，即便有也是非常简单。教育设施奇缺，要么没得学校布局，要么师资紧缺。此外，水利等基本农业设施也很落后。例如，文明瑶族乡长城村山高林密，平均海拔 950 米，村民居住分散，往往一二户就是一个自然村，目前除了通村公路修了大部分外，其他基础设施几乎为零。村民住在简陋的土坯房里，条件极差，村中没有学校、没有电话，连手机信号都未全覆盖，甚至村支“两委”办公的地点都没有手机信号。加上前些年的泥石流冲毁了很多农田，导致生存环境非常恶劣，目前 65%以上的村民都被迫选择了离开。

（三）农产品滞销导致贫困

部分贫困村不是没得自己的产业，而是主导产业对接市场不灵，导致农产品滞销，进而导致贫困。农作物的价格受市场行情影响大，行情低迷时农户连成本都难以回收。例如，文明瑶族乡部分贫困村的特色水果——水晶梨在市场行情好的时候可以卖到 6 元多钱一千克，而市场低迷时只能卖到 2 元多钱一千克，很多种水晶梨的农户都反映成本难以收回。

（四）劳动力缺乏技能、思想意识落后导致贫困

受城市拉力和农村推力的影响，贫困村的劳动力大都外出打工，留守村内的劳动力要么是体弱多病的，要么是劳动技能短缺的或者是年老的，这些留守劳动力的特点是思想观念落后、全局意识淡薄、受教育程度低以

及在扶贫道路上等、靠、要的思想严重。例如，在文明瑶族乡某村落，驻村工作组为加强村组公路建设，经多方协商，资金、工程队、相关手续都已到位，但部分村民不理解、不支持，在征地的问题上阻力很大，延缓了基础设施建设步伐。

二、影响精准脱贫的因素

自 2014 年汝城县启动精准扶贫以来，虽然成效显著，但也存在一定的问题。依据我们的调研材料，我们认为制约汝城县精准脱贫的因素主要如下：

（一）精准识别中的“六不准”

“六不准”里有“近三年新建住房面积 200 平方米以上或者已经购买商品房的农户”“家庭中有村主要干部或国家工作人员的农户”的标准。中国农民的潜意识里有个“永远的家”的概念，即便负债也会尽力营造一个属于自己的“家”。因住房负债而返贫的例子很多，买房子的未必就比没买房子的日子好过。村干部属于体制外的干部，是由村级自治组织选出来的干部，村民选举村干部并非依据干部的财富而是依据干部本身的权威，加上基层干部待遇差，遇到天灾人祸而陷入贫困的可能性大。在调研过程中，调查组就发现村干部陷入贫困又享受不了政策的个案。

（二）以户为单位进行申报

这给了很多村民空子可钻，一些子女为了让家中的老人享受“贫困”，就故意把无劳动能力的老人分开，单独立户，安排老人住危房，以便达到扶贫政策的准入标准，而实际上这部分贫困老人的子女拥有较强的赡养能力。

（三）“指标”扶贫的问题

现阶段贫困县、贫困村判定的标准是以当地贫困人口所占的比例为准。由此以指标数量为基准的审评方式从根本上来说与精准扶贫的目的存在冲突。有的地方为了争贫困村的帽子，就人为地扩大贫困人口比例，把一些不符合条件的家庭纳入贫困户，在基层造成了不平衡。贫困户指标到村组的做法，在基层也引发了较多矛盾。受指标的限制，很多在贫困界线上的农户被拒之门外。在农村，除了一些因病、因灾、因残导致的贫困外，其他家庭的经济状况难以界定，贫富差距也大体相当。没有享受贫困待遇的家庭把怨气和不满撒向基层干部，撒向驻村工作队，甚至是贫困户，过激者还会百般刁难村组集体工作的开展，严重的甚至是阻挠对抗，给扶贫工作后续开展带来更多困难。

（四）村民享受贫困的问题

在调查过程中，我们经常听到一些村民对部分慵、懒村民享受贫困待遇问题的埋怨。部分村民家庭条件是有些困难，但具有劳动力，其致贫的原因是“等、靠、要”思想严重，有的甚至存在赌博行为。在扶贫调研过程中，我们经常听到少数贫困户在炫耀“贫困资本”。在走访五一村时，我们曾遇到过一位贫困户，当问及对扶贫工作是否满意时，他回答：“满意，满意，党和国家的政策照顾我们呀，那天赶集我就跟别人说过，我不用干活都有钱用，你们干活都没钱用。”由于附属于贫困上的待遇较好，导致在农村争贫困户的现象很突出。贫困待遇使部分人丧失做人的尊严，思想观念扭曲，甚至以贫为荣。这是在长期接受国家扶持情况下产生的一种畸形心理，即认为国家扶持是应该的，不做事也有钱拿。思想贫困比物质贫困更可怕，如果不解决这种内在思想观念上的贫困，那么扶贫将处于缓慢爬行的落后状态。我们要坚持扶贫扶志，治穷治愚。

（五）文件多，各种检查太多

基层干部包括大部分驻村干部都反应扶贫的文件太多、材料太多，政策又经常改变，导致基层扶贫工作者往往有种茫然而不知所措的感觉。基层干部大量时间用于应付各种文件、各种检查上面了。对各种各样的检查验收，贫困户也颇有微词。

第四节 建议

一、进一步完善精准扶贫救助体系

（一）科学合理规范贫困户申报程序

在现有的基础上，我们应倾听底层的声音，进一步完善精准扶贫申报程序和认定条件。我们应扩大村民的参与度，给村民在选择认定贫困户时更大的自主权，向选村干部一样选贫困对象，从而杜绝少数人的投机行为。

（二）加大对兜底脱贫对象的支持力度

经过排查摸底后的精准扶贫对象主要集中在老、弱、病、残对象上。这些贫困对象由于自身能力太弱，依靠自身的能力很难摆脱贫困，因此需要政府在社会保障方面加大支持力度。国家鼓励精准扶贫对象购买商业医疗保险，政府对精准扶贫对象购买商业医疗保险的，给予适当的支持，同时开设家庭门诊，解决慢性病患者医药费不能报销问题。

（三）加大基础设施投资力度

国家重点加大贫困村的交通、水利、医疗、教育等基础设施建设。国家鼓励医学类大学生下乡，尤其是利用寒暑假期间到贫困村为贫困对象开展送“健康”活动。在调研过程中，湘南学院医学专业学生，利用自己的专长，在扶贫调研中以医疗扶贫为突破口，助力扶贫攻坚。湘南学院医学专业学生在实践活动中充分运用专业知识、行业资源，为贫困村民测血压、测血糖，宣传疾病预防常识，并向高血压、高血糖患者讲解饮食注意事项，普及健康知识，传播公共卫生知识，得到了调查村落的高度好评。我们建议放宽民间中医的从业资格限制，鼓励部分民间中医利用自己的医学经验在基层从事健康服务。

（四）加大扶贫政策的宣传力度

尽管我们的扶贫政策在各种场合进行了宣传，特别是通过媒体进行了广泛宣传，但作为边缘群体的扶贫对象还是认识不够、了解不多，基层发动不够，导致部分村民不理解、不配合，影响了干群关系，影响了政府的扶贫政策实施。

我们建议加大扶贫政策的宣讲力度，动员基层群众自觉传播党和政府的扶贫政策。我们应通过舆情传播、道德宣传、价值观教育等方式解决群众的思想脱贫问题，引导基层群众树立正确的贫困思想。

我们应在不同的场合大力宣传中央、省、市（州）有关精准扶贫、精准脱贫政策精髓，主要宣讲的政策包括“六个精准”“五个一批”“脱贫攻坚十大工程”等。

我们应通过学习、培训，提高基层干部扶贫政策的执行力；通过多形式的宣传，提高贫困群众对扶贫政策的知晓度、认可度和满意度，让贫困群众真正了解政策，激发内生动力。我们最终要使大家明白，想摘掉贫困帽子，最好的办法，与其怨天尤人，不如自我反省；与其陷在阱中，不如效法榜样；与其自暴自弃，不如发愤图强；与其苦熬坐等，不如苦干巧干，“靠着墙根晒太阳，等着别人送小康”，不如靠山吃山、靠水吃水。有扶持、有帮助，要抓住时机、借力脱贫；没有政府扶持、社会帮助，要自力更生、艰苦奋斗。有志气，“输血”才能强身；靠实干，“造血”才能发展，走出贫困的路就越走越好，越走越远。

（五）引入第三方评估

为确保扶贫对象的精准化，我们建议在精准识别贫困对象和精准脱贫的过程中，邀请第三方评估公司进行评估，以便客观、公正地把贫困线以下的贫困对象纳入保障范围，让贫困线以上的对象退出保障范围。

二、科学合理利用本土资源

（一）利用资源，发展林下经济

贫困区域大多交通不便，这是其短板，但同时贫困区域往往又是生态优势区，贫困区域的森林覆盖率高、植被良好，具有发展林下经济的独到优势。贫困山区的贫困原因之一是地处公益林保护范围，不允许砍伐森林。我们可以利用生态优势以地方著名畜禽品种为核心，进行适度养殖，生产绿色安全的农副产品，走高端市场，满足城市的消费需求，实现农副产品效益最大化的目标。

（二）利用文化资源，发展乡村旅游

贫困山区在经济上是边缘，但可能是文化的中心。众多非物质文化、传统文化在贫困山区得以完好保存。汝城县的非物质文化遗产丰富，如土桥的香火龙、遍及汝城县各地的古祠堂以及几个瑶族乡的瑶族畲族文化。作为革命老区，汝城县还有很多红色文化资源。此外，位于马桥镇东北角的石泉村拥有深厚的历史文化底蕴，村内有大量保存完好的明清古民居。这些文化资源开发利用得好的话，可以成为脱贫资源，助推贫困区域脱贫。

三、以农村综合体建设为核心，三次产业融合发展

农业作为第一产业业态存在，是几乎不赚钱的，但如果农业与第二产业、第三产业融合发展便可能产生意想不到的经济效益。我们建议有条件的贫困村或贫困区域围绕农村综合体建设，以乡村旅游、全域旅游为纽带，大力推进三次产业融合发展，发挥农业作为资本的价值，从而激发贫困村落的活力。例如，旱塘村、杉树园村、白溪村、三江口村等茶叶名村，可以通过茶文化特色村的打造，引进樱花与茶叶混种项目，挖掘手工茶艺，开展文化旅游与乡村旅游，以实现农业资源的效益最大化。

四、着眼教育扶贫，提升就业竞争力

现有的扶贫对象大多数为劳动技能不足者，为了增强他们的就业能力，达到“培训一人，输出一人，脱贫一户”的目的，政府需要综合利用各种手段，增强他们的能力，尤其是劳动技能。

（一）加大职业教育支持力度

我们应围绕人人有技能的目标，加大职业教育扶贫力度。在调研中我们发现，贫困对象基本上是受教育程度比较低的群体。这一群体中的一部分人因劳动技能缺失而导致贫困，因此改变贫困需要从提升劳动技能入手，可以选择一些他们能接受的农业技能进行培训，达到在本地实现就业。

（二）扶持基础教育，斩断贫困代际传递

一个木桶能装多少水不是由最长的那块木板决定的，而是取决于最短的那块木板。贫困地区的教育水平就是扶贫攻坚战中的“短板”，扶贫攻坚就是要克服教育这块“短板”。贫困家庭只要有一个孩子考上大学，就能为后面的孩子做榜样，毕业后更可能带动一个家庭脱贫。治贫先治愚，贫困地区和贫困家庭只要有了文化和知识，发展就有了希望。

五、培育社会组织、发展农业产业

现在的农村尤其是贫困村，很大程度上变成了“空心村”，体现为劳动力外流现象特别严重。与“空心村”相对应的是农村社会组织不发达，除了村支“两委”以外，基本上没有其他组织。为了增加村民的归属感和认同感，我们可以考虑发展一些公益性社会组织，如“互促会”、老年协会、传统文化协会等，让基层群众在各类社会组织中找到归属感。

就发展经济而言，涉农合作社无疑是最佳的选择。贫困村的贫困，从经济学的角度看就是缺乏参与市场竞争的能力，贫困群体参与市场分配的

能力极低，抵御市场风险的能力严重不足。

合作社的建立，无疑对于抓好产业扶贫、增强贫困农民抵抗市场风险能力是一服良药。组建合作社要组建真正属于农民的合作社，而不是那些徒有合作社之名的合作社。我们建议鼓励有实力的农业企业牵头发起合作社，在土地、劳动力等方面开展合作，以此解决资金筹集、场地、设施等方面问题。农民借助于合作社的力量参与市场竞争，在激烈的市场竞争中获取利益。

第十二章　瑶族茶文化特色村寨建设的个案分析

第一节　导言

2015 年 12 月底，习近平总书记对浙江省“特色小镇”建设做出重要批示：“抓特色小镇、小城镇建设大有可为，对经济转型升级、新型城镇化建设，都具有重要意义。”2016 年，浙江、贵州作为特色小镇发展的两个典型地区就特色小镇交流了相关经验。随着中央对特色小镇建设的肯定与支持，特色小镇得到了迅速推广。2017 年 10 月，中国共产党第十九次全国代表大会报告指出：“要坚持农业农村优先发展，按照产业兴旺、生态宜居、乡风文明、治理有效、生活富裕的总要求，建立健全城乡融合发展体制机制和政策体系，加快推进农业农村现代化。”2018 年 9 月，习近平总书记强调，乡村振兴战略是党的十九大提出的一项重大战略，是新时代“三农”工作总抓手。纵观村镇发展的各项指导思想，对比乡村振兴发展，特色村镇已成为乡村发展的创新性载体。截至 2018 年年底，我国已有 200 多个特色小镇。但总体来说，我国正处于特色小镇发展的初期，各种理论体系、实践经验都未系统化。在这样的大基数下，特色小镇发展难免出现特色产业特而不强、特色产业雷同、旅游发展停滞等问题。

郴州市汝城县旱塘村地处偏远山区，基础设施薄弱，经济发展相对缓慢，是瑶族、畲族聚居的地方，也是省定贫困村。在上级政府的指导关怀与自身艰苦奋斗下，旱塘村于2016年完成脱贫工作。但是完成了脱贫并不代表旱塘村的村民们就此步入了小康，旱塘村还需要继续为增加村民收入而努力，加快完善各项基础设施，提高村民生活质量，最终达成民族之振兴、国家之富强的远大追求。现阶段，如何结合乡村振兴战略，以茶产业为重点，加快特色村寨建设与发展，是旱塘村面临的难题。本书利用结构式访谈法、文献研究法对旱塘村茶文化特色村寨发展困境展开研究，以期分析其困境原因并给出相应的对策与建议。

第二节　旱塘村茶文化特色村寨发展历程及其成效

一、旱塘村基本情况介绍

旱塘村位于郴州市汝城县泉水镇西南部10千米，地处湖南、江西、广东三省交界处，辖9个村民小组，共301户，1 113人。旱塘村总面积10.6平方千米，共有山林面积13 500亩，稻田520亩。其中，稻田已种茶叶300亩，加之老茶园200亩以及计划发展特色茶产业开发的新茶园3 000余亩，旱塘村现有茶园3 500余亩，距离县城20多千米，属于封闭型乡村结构。

在实地调研过程中，笔者首先与旱塘村村委会取得联系，并获得村干部的支持，对主要村干部进行了结构式访谈，并在村干部的带领下主要访谈了村中茶叶小作坊负责人、部分贫困户。笔者走访了旱塘村的6个村民小组，包括旱塘村一组、二组、四组、五组、六组、八组。在走访过程中，笔者依据偶遇抽样的抽样方法随机抽取村民进行简单的访谈，向其了解对于茶文化特色村发展的主要看法以及茶产业为其带来的经济效益等。主要访谈对象情况表如表12-1所示。

表 12-1 主要访谈对象情况表

访谈对象	性别	主要身份	主要访谈内容
邓书记	男	旱塘村党支部书记、“乡里硒香茶”创始人	茶文化特色村建设现状、其茶厂的历史与建设的困难
何主任	男	旱塘村村委会主任、茶产业领头人、“旱塘硒山茶”品牌负责人	旱塘村发展历史、品牌创建与合作社建设的历程
胡大姐	女	旱塘村村民、采茶高手	自家茶园的发展情况、茶产业发展带来的效益
袁委员	男	旱塘村村委会委员	旱塘普茶销售情况
何大姐	女	旱塘村村民、已脱贫贫困户	茶产业的投入情况、对于茶文化特色村的看法
谭大叔	男	旱塘村村民、小作坊主要代表	茶叶加工小作坊的情况

二、旱塘村茶文化特色村寨发展历程

旱塘村自清朝起便广泛地种植本地茶树，由于生态环境的独特优势，其茶叶品质独有特色，成为汝城县闻名的“茶村”。旱塘村处于偏僻山村，山路不通，电力不达，村庄基础设施极为落后。村庄生产水平不高，当地村民几乎都以砍柴、卖柴维持生计，人均收入极低。村民住房均为土砖房，其饮用水是河流水，长期处于贫困状态。

1984 年，中共中央、国务院出台了《关于帮助贫困地区尽快改变面貌的通知》。1986 年，国家第一次确定了国定贫困县标准——以县为单位，1985 年农民年人均收入低于 150 元的县为贫困县。1987 年，旱塘村被评定为湖南省省定贫困区，并采取了一些扶贫工作措施，对当地部分基础设施进行修缮。自 2000 年起，汝城县多次派遣扶贫工作队进驻旱塘村。工作队驻扎期间，根据旱塘村具体情况进行乡村建设规划，完善村庄的基础设施，尤其是路面、饮水、用电等工程。

旱塘村在完善基础设施的同时，由于特殊地形地势与栽培茶树的悠久历史，于 1987 年开始发展茶产业。旱塘村将土地承包分配到每户人家，由农户自己耕种，但如此一来茶树多为村户分散种植。春季是茶叶采摘的季节，旱塘村的茶园面积有所扩大，但村民并没有按等级采摘茶叶的意识，且当时的加工技术差，最终旱塘村所产的茶叶质量参差不齐。直至 1992 年，旱塘村村委会委员看到茶产业的发展潜力，为应对市场需求，由旱塘村党支部书记负责技术指导，创办了旱塘村集体所有的硒山品牌——“硒山茶”。加之村委会多次出资到浙江、广东等地学习制茶技术，经试点取得了一定的实际成效，旱塘村茶叶由原来的每斤（1 斤等于 500 克）7～8 元上涨到每斤 25 元，村民的收入有所提高。2002 年，何主任提出机械加工制作茶叶，由镇政府投资，村委会赞助购入自动化制茶机器。旱塘村对茶叶进行分级处理，一芽一叶的茶青收购价为每斤 15 元，而加工之后卖至每斤 200 元，旱塘村茶产业发展成效显著。目前，旱塘村种植茶树 4 000 余亩，且旱塘茶均采取机械加工。在旱塘村有 3 家大型茶叶加工厂，60 多家农户自家小型作坊。为更好地收集茶青，同时更有效地帮助村民提高生活水平，旱塘村于 2009 年挂牌成立了茶叶专业合作社。

自 2015 年起，泉水镇政府高度重视发展茶叶产业，大力打造茶香小镇，引导发动全镇居民扩大茶叶种植面积，把茶叶产业逐步发展成为全镇经济发展的主导产业。旱塘村就属项目重点发展区域的 7 个村之一。村干部积极发挥以硒山茶为主导产业的带动作用，借助优势政策，引导专业合作社、种植大户带动村民务工增收，鼓励村民加入旱塘茶叶合作社。

现阶段，旱塘村将乡村振兴战略的思想融入具体的计划和行动中，继续鼓励发展茶产业，拓宽增收渠道，提高劳动技能的同时，继续完善公共服务设施，投资新建村级综合平台服务。泉水镇于 2018 年 4 月开通了镇内至旱塘村的公交车，方便了村民的出行，也方便了外来人员到旱塘村。加之 2019 年启动微项目资金项目，旱塘村积极开展茶文化特色村附加产业开发的工作，主要依靠旱塘村特色生态、特色产业与特色文化发展特色旅游业。

回顾旱塘村的变迁与发展，旱塘村从贫困落后小山村发展为远近闻名的特色茶村，在这过程中离不开各方面的支持与帮扶，更离不开村民的努力。目前，旱塘村村内各方面的基础设施正在努力完善，村容由脏乱到整洁；产业结构不断优化，茶产业成为当地的支柱产业；村民实现了从贫困到温饱的转变。

三、旱塘村茶文化特色村寨发展成效

经过多年的开发与努力，旱塘村茶文化特色村寨的发展成效主要体现在特色文化、特色产业、特色生态三个方面。

（一）特色文化逐步显现

有着400余年种茶历史的旱塘村在时间的积淀中孕育出旱塘村特有的茶文化。旱塘村村民自古就有饮茶的习惯，饮茶也自有一套讲究。十余年前的旱塘，茶园规模虽然不大，但茶种古老，茶味地道。在饮茶方面，旱塘村村民使用山间泉水，或者用储蓄的露水来煮茶。村民煮茶所用的茶炉更具特色，当地茶炉壁厚、底大，村民介绍茶炉是前人一直所用的样式，村民一直这样煮茶，由此器具留传下来。煮茶的火候也有讲究。饮茶的习惯一代代传袭，已沉淀成了旱塘村村民心照不宣的特色饮茶文化。

据当地老人介绍，以前的旱塘村制茶都是手工制茶，每家每户都会制茶，随着社会的变迁与机器化的发展，村中制茶都是机器制茶，但仍有年青一代传承了当地制茶手艺。据村委会委员介绍，村民胡大姐是旱塘村的采茶高手和制茶高手，她的制茶手艺在2016年汝城县举办的制茶大赛中获得了一等奖。此次比赛的获奖不仅证明了胡大姐的制茶手艺，更肯定了旱塘村传承下来的制茶手艺。现今，在村中领头人的宣传与带动下，旱塘村原有的制茶手艺逐步被村民重视起来，村民开始开展制茶手艺的传承与学习。

汝城县是湖南省历史文化名城，是中国农耕文化、理学文化的发源地之一，文化积淀丰厚，人文景观众多。旱塘村虽地处偏僻山区，但也受到文化熏陶。旱塘村是瑶、畲两族聚居的村寨，据当地瑶族老人所言，以前的旱塘村村民在日常生活中便穿瑶服、讲瑶话、唱瑶歌，虽然当地经济发展不是很好，但民族文化氛围浓厚。随着外来文化的冲击，当地瑶族文化逐渐被同化甚至被湮没。现如今，乡村振兴战略的提出加之旱塘村茶文化特色村寨的建设，其民族文化再次得到重视。

（二）特色产业初具规模

旱塘村以茶产业为主要特色产业，扩大当地茶园面积，打造旱塘村的专属特色品牌，自 2002 年起，旱塘村多次改进制茶技术并将茶青分级处理，其质量实现跨越式进步。旱塘村茶文化特色村寨也随着茶产业的发展逐渐闻名于汝城县，在汝城县提及绿茶便会想到旱塘茶。旱塘村茶树种植规模已见成效，由原来的零散种植到现在的成片种植，茶园已有 4 000 余亩。

旱塘村拥有三家大型茶叶加工厂和 60 多家农户自家小型作坊，注册了两项商标，成立了茶叶专业合作社，按照“合作社+农户+基地”的入股分红模式，吸收社员 228 户、863 人，其中有 114 户、442 人为旱塘村贫困户。社员以土地或现金入股，年终合作社将拿出 60%的盈利按股份分红兑现给社员。茶叶专业合作社因快速且良好的发展态势与有效扶贫成果引起上级政府部门的高度重视，于 2015 年被评定为 国家农民专业合作示范社。同时，茶叶专业合作社与“旱塘硒山茶”品牌同归属于旱塘村，年产值达上千万元，旱塘村茶文化特色村寨发展形势良好。

（三）特色生态旅游开发

汝城县境内山清水秀，空气清新，夏无酷暑，冬少严寒，是最适宜旅游休闲的地方。旱塘村位于汝城县的西部，森林覆盖率高达 70%，海拔较高且山峰环抱，自然景观开阔壮丽，是消暑的好去处。旱塘村具备适宜茶叶生长的地貌、气候、土壤等自然条件，目前村内生态茶园已经初具规模。旱塘村山地、丘陵占陆地的70%，气候温和，雨量充沛；森林覆盖率达75%，达到和优于三类标准的水质占60%。可以说，独特的地理、气候、土壤条件和空间质量等生态因子形成了旱塘村茶区得天独厚的先天优势，也形成了旱塘村独一无二的特色生态。

依托良好的生态环境和茶产业优势以及党和国家惠民好政策，旱塘村已将全域旅游计划提上日程。村支"两委"准备进一步完善村内的基础设施，计划在茶园里修建10千米的观光旅游道路，目前已经修建了2 000米；在一些山头种植红枫、樱花、桂花等景观树作为点缀，构建美丽景观；在一些地方建设观光亭，便于游客观光、旅游和休息。目前，旱塘村已在山顶建了秀峰阁，2016年已在县财政支持下投入50万元兴建了3个凉亭和一个供游客玩赏的品茶室。旱塘村还计划恢复原有的茶祖庙景观，并建一个茶产业体验馆，为游客提供采茶、制茶、品茶、购茶以及观光旅游等茶产业链服务。旱塘村的旅游计划不断开展的同时，已有背包客、大学生慕名前来游玩。据村主任的不完全统计，每年春分时节、暑假都会有4~6批游客前来游玩，平均每一批游客人数为8人。在游玩的过程中，部分游客会在当地农户家中借住，并在返程时购买大量茶叶和其他农产品，给旱塘村带来的经济收益并不明显，但也从侧面反映出旱塘村发展旅游业的可能性。

第三节　旱塘村茶文化特色村寨发展困境分析

为更好地推进乡村建设工作，实现旱塘村的脱贫振兴，汝城县政府和泉水镇政府给予了旱塘村很大的财政与政策支持。现如今，旱塘村茶文化特色村寨的建设已初具规模。同时，现阶段旱塘村茶文化特色村寨的建设工作也面临着一些难题和困境。首先，旱塘村作为瑶族村寨、美丽茶村，其文化缺乏特色的内涵。其次，旱塘村的特色茶产业面临着集约化管理不到位、营销手段单一、产品质量良莠不齐的问题，产业持续发展受阻。最后，旱塘村的附加产业，如生态旅游业的吸引力不足。

一、特色文化的内涵缺失

旱塘村村民中瑶族、畲族占据总人口的3/4，属于少数民族村落。旱塘村是一个有着400余年种植茶叶历史的瑶族村庄，随着社会的变迁和外来思想文化的冲击，原本丰富多彩的瑶族文化逐渐被同化。原有的瑶族民俗活动逐渐消失，以前动听的瑶歌和美妙的瑶舞越来越少见，原有的瑶族特色越来越淡，旱塘村的少数民族文化资源正在迅速流失。加之瑶族村民对瑶族的自豪感和认同感逐渐降低，旱塘瑶族村日趋无差异化。

邓书记也曾表示瑶族文化的同化程度严重："我们这边虽然说是瑶族村，但是同化得比较厉害，几乎没人会说瑶话，瑶族服装倒是还有一些。要说瑶族的特别节庆日的话，只能去问村里的老人家了。"

在民族文化内涵缺失的同时，旱塘村的茶文化因未得到重视且未能得到培育与维持，茶文化内涵严重匮乏。长达400年的种茶历史和茶文化韵味是除却瑶族文化特色外旱塘村的另一大特色文化。然而，旱塘村村民创造了属于自己的茶文化，却并没有在其原生基础上进行拔高，没有赋予茶文化独特的时代性，也未能将茶文化精神进行沉淀。据了解，旱塘村硒山茶制作工艺于2014年被评为郴州市非物质文化遗产，但由于在制茶过程中缺乏理论而未能实现推广。虽有精湛的制茶技艺，但旱塘村茶文化的物质载体和表现形式仍不足，茶艺馆、茶展览馆等茶文化载体数量不多，"采茶节"和"品茶节"等有关茶文化的节庆文化形式欠缺。同时，旱塘村并不注重对茶文化人才的培养和继承，多重因素下，当地茶文化的内涵深度不够。

二、产业发展持续性受阻

在汝城县政府及扶贫政策的支持下，旱塘村自1987年开始大力发展茶产业。村主要领导人带领当地村民开垦山地，种植茶树，经过近30年的努力，村庄的茶园面积已达4 000余亩，占总农田面积的2/3。加之旱塘村创办其专属品牌，引进先进机器，并学习不同于当地的先进制茶技术，其茶叶品质得到大幅提升，迅速占领汝城县茶叶市场，成为汝城县唯一一个茶叶专供村。目前，茶产业俨然是旱塘村最具特色的产业，但茶产业迅猛发展的同时，产业的继续发展依旧存在不小的问题。这些问题主要体现在产业管理、产品营销、产品质量三个方面。

（一）旱塘村茶产业缺乏集约化管理，产业拉动力有限

在开垦茶园种植茶叶方面，何主任带领村民种茶为生已有十余年，但村民种植茶叶皆是自家自行开垦山地种茶，茶树零散在各自山地，未经整合、非片区的散茶树占据旱塘村茶园的比重较高。据调查了解，茶园缺乏系统化管理，采用承包到户、自行管理的粗放模式，从开垦到采摘甚至是销售均由农户自行负责，从而造成茶产业对于村民的拉动力有限。笔者通过访谈县农业局李主任了解到，当前旱塘村茶树种植面积已达到人均3亩，对于一个乡村而言，这已是不错的成绩，但旱塘村的茶园由农户自行管理，部分村民在栽培茶树方面并不精通，常常会造成茶树种植失败、茶质不佳、加工不精等问题。

在采茶方面，农户的茶叶由其家庭成员或雇用的邻村小工采摘，之后由小型作坊加工或被专业合作社、大型茶叶加工厂收购。据调查了解，部分村民不按等级采摘茶叶，甚至会在茶叶中掺杂水分或老叶以增加茶叶的重量，从而导致大型茶厂收购的茶青质量不一。茶树种植面积较大的农户则会面临茶叶产量高却无法将茶叶价值最大化的两难处境。由于茶园面积过大且茶叶生长速度过快，农户会遇到采摘茶叶不够及时的情况。原有的高品质芽尖、一芽一叶长成两叶一芽，最终茶质降低，收益下降。

旱塘村村民胡大姐表示："我家里有将近8亩茶园，有3亩是我一个人在山上开垦的。想当初也是因为要赚钱养家，才没办法一个人到山上开

垦茶园。现在茶园大了，在茶叶采摘的时候，要我一个人去摘，虽然有时两个孩子还可以帮我忙，但还是特别辛苦。茶园太大，我早上5点就要去摘茶。茶叶长得特别快，就那两天就会有芽尖长成一叶一芽甚至是两叶一芽，如果不及时努力地摘茶，那到时候赚的钱就没那么多了，甚至浪费了那么好的茶叶。”

在茶叶加工方面，旱塘村茶产业虽然已初具规模，但其茶叶加工厂尚未形成集约化管理。现阶段，旱塘村已有三家大型茶叶加工厂，此类加工厂加工出的茶叶为芽尖、一叶一芽等高档茶叶，已注册商标，收益较好。但村内仍有60余家没有商标、加工技术不佳的小型加工作坊，其加工的多为普茶，即两叶一芽或三叶一芽的茶叶，销路较窄，市价低下。小型加工作坊资本有限、设备落后，其加工出的茶叶多混有桔梗，效率不高。

综上所述，旱塘村缺乏对茶园的集约化管理，在种植、采摘、加工等方面还存在较大问题，没有将旱塘茶园的价值最大化，附加值明显不高。茶园的产业链仅停留在茶叶本身，由茶叶衍生出的其他附加品，如茶工艺制品、茶特色食品等高附加值产品均未涉及开发。

（二）营销手段单一，品牌打造力度不够

在生产、加工、产业链等方面都未完善的同时，旱塘茶的销售经营方式十分分散。旱塘村村内所有的茶叶加工厂基本上都是单独运作、独自生产。加工厂生产出来的茶叶在销售上采用十分零散的销售方式，此种现象在小型加工作坊中尤其明显，其生产出来的茶叶基本上都是通过自己的社会网络销售出去，没有专业的销售渠道。

胡大姐说：“我和我舅妈经营着一个小型加工厂，出茶的时候本来机器都停了，但我老公的一朋友突然打电话来说要100斤茶叶，结果没有存货了，我们赶工摘茶、开机器炒茶，起早贪黑地忙活了几天才将茶叶炒出来给了那个客户。”

当前市场上绿茶品牌众多，而旱塘硒山茶还处于“一叶飘香若无名”

的尴尬处境。销售方面，旱塘茶销售渠道狭窄。旱塘村生产的大部分茶产品主要通过汝城县特产店、展销会、当地超市出售，不仅销售地域局限，且销售方式停留在传统方面，大多数茶农没有很好地利用“互联网+”的营销方式，没有开辟电子商务渠道。同时，市场无序竞争现象突出。旱塘硒山茶市场竞争仍停留在“价格战”的低水平上，而村民的市场营销的意识在行业内较为薄弱，听任产品自然销售，经营难以形成规模。此外，在汝城县市场上存在着假冒旱塘茶。旱塘茶没有统一的包装，各小型加工作坊都有其各自的包装，加之小型加工作坊的茶叶没有进行商标注册，且包装制作的工艺未采取保密措施，呈现出的相关商品良莠不齐，更使旱塘硒山茶的产品价值大打折扣。旱塘茶销售流通渠道窄，交易规模小，茶叶的供应弹性大，茶农和茶加工厂的经济效益较低。目前，旱塘村开启了电商渠道销售茶叶，但地理位置不佳，旱塘村物流、信息和资金极不通畅，导致线上销量低，未能成为茶叶主要销售渠道。

旱塘村袁委员说：“现在这个茶叶市场混乱得不行，之前我们拿我们产的茶叶去赶集的时候，看到别人也在卖旱塘茶，可那人我们根本就不认识，瞧着也不像是旱塘人。我们偷偷过去问他茶叶多少钱一斤，他的茶叶比我们的每斤还便宜两元钱。我们问他是旱塘哪里的人、茶叶是在哪里摘的，他都答不上来。一看就是假冒我们旱塘茶。可是我们又没有明确的证据来说他，只能看着人家抢我们的市场了。”

（三）引进外来茶种，本地老茶种保留不当

旱塘村山高水清，云蒸雾绕，土壤呈弱酸性富含硒，适宜种茶。旱塘村种茶历史悠久，硒山茶更是旱塘村的一大特色标签。俗话说“酒香不怕巷子深”，同理，“茶好也不怕旱塘偏”。目前作为旱塘村特色产品的硒山茶遇到发展困境，茶品也是一个大问题，旱塘村的硒山茶与市面茶产品的重叠程度较高，特色不足。在追求温饱的年代，茶作为一大经济作物，村内考虑的是茶园的规模及茶叶的产量，因此明、清、民国时期的老茶树并没有受到保护，大多在开垦茶园时被砍掉，遗留下来的也处于偏僻原野，无人问津。所种茶种为外来引进，且加工方式并无其他技巧，仅有硒山做招牌，吸引力有限。

三、附加产业吸引力不足

旱塘村目前的主要产业为茶产业，在乡村振兴战略的大背景下，村镇发展以产业为主，为进一步扩大产业的辐射度及提高村镇企业的影响度，附加产业的发展也显得至关重要。笔者在实地调研过程中了解到，旱塘村目前的附加产业主要为旅游产业，在其村镇产业发展历史中，由于其是从一个长期处于贫困状态的偏远山村发展到茶文化特色村，发展历史不久，因此附加产业还处于一个新兴与发展阶段。旱塘村村委会在组织村民大力发展茶产业的同时，也在筹备与鼓励发展旅游产业，响应特色村镇产业发展的相关政策。在这一过程中，要想在旱塘村把旅游产业发展起来，间接推动茶产业的发展，还存在以下几个问题：一是当地的基础设施还比较落后，缺乏相应的建设与管理，对于要在茶产业的基础上构建及完善基础设施，还缺少新思路、新理念来将两者相结合，相互促进；二是旱塘村处于一个较为封闭的山区村落，居住在里面的村民大多文化水平较低，思想观念较为落后和保守，村民对于发展旅游产业贡献率较低，同时对其进行旅游产业培训及教育，村民接收强度相对较大及接收时间较长，在一定程度上也可以说在发展旅游产业上缺乏专业人员的引领。

笔者在调研中采访到旱塘村党支部邓书记对于旅游产业发展的看法：

“在旱塘村这样一个主要以茶产业为主的村，发展旅游产业不仅会对我们村茶的销量有很大的好处，也会带动整个村各方面经济的发展，但现阶段村口只开了两家小饭店、一个小卖部，在采茶时节也会有外地人来我们这旅游，但这些基础设施还远远不能满足游客的需求，有些游客也会想要在这里留宿，但村里并没有相应的住宿设施，因此现阶段刚好在打算将自家新修的房子装修成民宿。”

第四节 旱塘村茶文化特色村寨发展困境的原因分析

一、思想解放程度仍然不高

回顾前面旱塘村茶文化特色村寨的发展历程，不难发现，旱塘村是典型的中国传统农村——村中小农经济占据主导地位，村民自给自足。旱塘村茶文化特色村寨发展初见成效，但在发展过程中，村民之间的相互较量与“使绊子”现象屡见不鲜。旱塘村于1987年被评定为省级贫困村，在扶贫政策实施初期，其扶贫资金大多投入在村内的基础设施之上，贫困户与非贫困户之间和谐相处。自2015年实施精准脱贫以来，各种扶贫政策纷纷出台，部分贫困户与非贫困户由于条件不符合而未能享受到部分扶贫政策，如易地搬迁扶贫等，他们却未能深刻理解扶贫政策而心生不满，产生落差，甚至怀疑工作人员之间存在不公平现象，以致不满村支“两委”的工作。部分村民并不乐意配合村支“两委”发展茶文化特色村寨，甚至宁愿将土地闲置，也不愿响应集体的号召。因此，在旱塘村满片绿色的茶园中，仍有部分荒地突兀于其中，依稀可见杂草丛生的土地。关于村内茶产业一体化规划，笔者在采访邓书记时，询问其关于承包专属茶园的情况，邓书记也表现得很无奈。

邓书记说：“我没有承包茶园，一是因为资金问题，承包茶园不是小数目，我手头没那么多资金。二是说实话，我们这里的个别村民不怎么好说话，自己不努力奋斗也不会方便别人努力。有些村民宁愿把土地荒在那里也不会给别人承包。所以啊，我们这里要像大企业那样发展还是有很多困难的。”

许多村民以自身利益为出发点，笔者在调查中发现，大部分村民表示如果直接将茶青卖给大型茶企，获得的利润很低，远不及直接将茶青交给小型加工作坊加工成茶叶后售卖所获得的利润。因此，大部分村民并没有考虑茶产业的整合发展，以致该村散布60余家小型加工作坊，茶产业一体化任重而道远。

谭大叔说："我没有加入村里的合作社，也不打算搞集体化生产。你看我现在用我的机器帮村里人加工，从中收取加工费。同时，我家里也摘茶叶可以加工，可以卖到几十元钱。同样一斤茶叶，我把鲜茶叶卖到合作社最多卖到十几元钱一斤，但我自己加工之后再去卖价格可以翻一倍，肯定自己加工啊。"

二、产业资金投入仍然不足

旱塘村大力开拓新茶园受到上级政府的大力扶持与政策倾斜，如村民们种植了新茶叶，政府会以 2 000 元每亩的奖励标准奖励村民，但奖金分三年发放，第一年 1 000 元，第二年 500 元，第三年 500 元。同时，政府对村民种植的茶树进行补贴，以每株新茶苗 5 元的补贴价格激励村民种植茶树，还会补贴村民种植茶树所需的肥料、杀虫剂等费用。旱塘村茶文化特色村寨发展虽得到了政府政策的支持，但其资金来源单一，加之政府的财政投入多用于村里贫困户的脱贫工作，对于茶文化特色村寨的基础设施、服务配套工程建设的投入远远不够。此外，财政扶持具有阶段性、滞后性，一定程度上影响着茶文化特色村寨的建设进程。

旱塘村村内只有 3 家大型茶叶加工企业，并没有引进外资，因此企业注资相对较少，资金供应量更加不足。茶叶生产对于村民而言投资较高，回报周期较长，当地村民对茶文化特色村寨建设的积极性有待提升。加之茶叶生产与护理主要集中在春冬两季，村民对于茶产业和茶村建设的投入也较为分散，对茶文化特色村寨的建设投入显得有点薄弱。

何大姐说："我一年下来基本上都在县城里打工，村子里面主要就在春天的时候比较忙，要回来摘茶叶、炒茶叶，茶叶收完之后要给茶树剪枝，不然来年茶树不会发新芽，收成也就没那么好了。还有就是冬天的时候我们这里都会给茶树打杀虫药，还要施一次肥，保证新的茶叶能质量更好。我们村里种茶叶要用的心思都很零散，也主要就忙了春天那几个月。像年轻一点的人平常都会在外面务工，不然只靠种茶叶的话，家里的生活来源都不够。”

三、基础设施支撑力仍然不够

旱塘村是偏僻的小山村，通往旱塘村的路只有一条蜿蜒曲折的水泥路。位置的偏僻、地势的起伏使得旱塘村进行基础设施建设时的困难加倍。因此，旱塘村修路进程缓慢且道路建设的质量较差——村委会有资金时则动工修一段路，资金短缺时便将道路建设工程停置。工程如此反反复复，使得原本已经修好的道路缺乏养护与管理，造成道路易被破坏，需要进行二次维修，最终续修新路的计划就被搁置。

除了交通的不便，旱塘村的电网也没有达到全村全覆盖的水平，特别是旱塘村西部西山片地区。西山片地区是旱塘村老茶种种植区，是优质茶产区，水和电的缺乏给旱塘村茶产业的发展带来了巨大的阻碍。

在公共服务方面，旱塘村也是十分欠缺。首先是教育教学方面，旱塘村藏匿于深山之中，距离汝城县遥远，甚至距离镇中心都需要 20 分钟的车程，而村中仅有一所小学，且教育水平低下。小学里只有 5 位老师，教 5 个年级。基本配置为 1 个年级 1 个老师，1 个年级 1 个班。学校缺少教学场地，加之老师的教育水平有限，学生难以实现全面发展。其次是文化基础设施方面，目前旱塘村村民还没有固定的文化活动场所可以使他们进行活动与集体交流。虽然在旱塘村村委会有一个文化活动中心，但该文化活动中心只有一间 20 平方米左右的书屋，且书屋的作用并未发挥出来。笔者从村委会工作人员处了解到，旱塘村村民并不会去书屋看书。最后是公共资源服务方面，旱塘村没有专门为村民提供休闲活动、锻炼的场所，仅旱塘小学有几处简单的体育设施器材，公共服务资源十分匮乏。

邓书记说："我们这里现在的基础设施正在完善，不过还是有很多不利之处。首先是交通不怎么方便。像从县城到我们村里，如果没有私家车的话，公共交通要转好几次车。而且在我们村西边的茶田还有两三千米路没有通，每次去的时候都要爬好远的坡，那条坡上的路都是石头和泥巴。要是碰上下雨、下雪天啊，那条路就更加难走了。除了路不怎么好之外，还有就是村里的电不怎么稳定。我们这边现在电路基本都覆盖了，但是西山片那一块还不通水电，那一块以前是四组、五组、六组的地方，但是生产条件和生活条件太艰辛，后来异地搬迁，就都搬到山下了。现在西山片那边已经没人住了，但那边种了老茶种，是十分好的茶叶。所以等到春茶采摘期间，还是会有人住在上面，点的都是煤灯，很不方便。"

第五节　旱塘村茶文化特色村寨发展的对策与建议

针对旱塘村茶文化特色村寨发展过程中特色文化的内涵缺失、产业发展持续性受阻、附加产业吸引力不足这三大问题，笔者提出了相对应的三点建议。第一，沉淀旱塘村传统文化，打造旱塘原味茶文化，守护当地特色风土人情。第二，扩大旱塘村产业规模，延长产业链，加强产业集约化管理，提升旱塘村茶产业的竞争力和发展功能。第三，完善基础设施，建设可支持生态旅游的服务链，同时完善茶叶交易市场，推广旱塘特色。

一、沉淀传统文化，打造旱塘原味茶文化，守护当地特色风土人情

瑶文化是旱塘村独特的民族文化，但因传承困难的原因，没有体现在旱塘村的日常生活和文化生活中。首先，旱塘村应营造瑶文化氛围，重新唤起旱塘村瑶族村民的瑶文化意识，上级政府与旱塘村都应加大对瑶文化的保护力度，从政策上、实践上鼓励瑶族村民继承并发扬瑶族文化。其

次，旱塘村应加强对瑶文化的宣传工作，并积极引导、组织、举办瑶文化相关的活动，如讲瑶语、着瑶服。

旱塘村拥有400余年种植茶叶的悠久历史，当地村民有其独特的茶文化，但未能进行系统化梳理，以致其茶文化逐渐褪色甚至消逝。为更好地保护其茶文化特色，守护其最地道的原味，旱塘村应深度挖掘其茶文化，追寻茶文化的根源与旧迹。旱塘村应保护并弘扬独特的制茶技艺，结合新时代内容，创新发展旱塘村茶文化，载以多样的形式，如茶工艺品、特色茶食品来宣传茶文化。旱塘村应将特有的茶文化与当地瑶文化相结合，丰富其内涵。

旱塘村地处深山，冬暖夏凉，是天然氧吧与富硒环境。目前，旱塘村大力发展茶产业，小型加工作坊与大型龙头企业在生产加工过程中产生的废水、废油在排出时会造成一定的环境污染。因此，旱塘村应在保护生态的前提下，将企业生产过程中产生的废料妥善处理。同时，在茶叶种植过程中，部分村民为了取得更好的收成会大量使用杀虫剂、肥料，从而造成当地水污染、土地污染。因此，旱塘村更应对其茶园进行系统化管理，开展标准化生产。在调研过程中，笔者发现当地有诸多富有特色的老式建筑，多为土砖房或旧式祠堂，虽然老旧，但不失其特色。现在因为许多村民在周围建起水泥楼房，破坏了其建筑整体性与美感。保护旱塘原味，旱塘村也应进行一定的建筑保护工作，增添旱塘村的乡土风情。

二、做强特色产业，提升发展功能

目前，旱塘村的茶产业发展势态良好，但较之其他知名茶业，如安华黑茶、桂东玲珑茶，其茶园面积和加工能力距离打造全国闻名的特色茶叶品牌和茶文化特色村寨的发展目标尚有一定的差距。因此，旱塘村要抓紧扩大产业规模。首先，旱塘村应扶持、壮大当地龙头茶企，以“企业+基地+茶农”的经营模式建设高标准生态茶园；将茶叶生产与土地流转、水源治理结合起来，积极扩大茶园面积，建立集中连片的规模化、标准化生产基地，进一步带动村民积极主动地种植茶叶。其次，旱塘村应支持、发展专业合作社，以“基地+合作社+茶农”的方式发动千家万户种植茶叶；充分发挥政府在茶产业发展过程中的指导作用，帮助茶农、茶企解决生产经营中的实际困难，如技术推广服务，土地流转等，广泛调动农民种茶和投入茶文化特色村建设的积极性，使广大茶农成为生产种植的主体。

为实现茶园与茶叶生产的集约化管理，当地龙头茶企可以创新发展模式，通过土地流转建成规范且统一管理的大规模茶园，并由政府进行一定的补贴或回购，以股份、租赁、合作社等形式交给茶农管理和经营，所产茶青按等级采摘，由茶企收购加工。这样可以解决茶农因难度大、收益慢而种茶积极性不高的问题，更能避免旱塘村所产茶叶良莠不齐的问题。

旱塘村所产茶叶正面临着品牌效应不佳、产品质量低下等问题，因此旱塘村需要在生产、加工、品牌建设、市场营销等各个环节全面提升茶产业的竞争力。首先，旱塘村应坚持绿色化生产，充分利用旱塘村自然生态环境、土壤等优势，突出生态、富硒、有机等特色元素；同时，推广良种栽植技术，并对当地优良老茶种进行培育与保护，促进茶产业向茶树良种化、产出高效化、生产标准化方向发展。其次，旱塘村应加强标准化加工，形成标准化管理。当前，旱塘村仍有许多小型加工作坊，既未注册商标，质量也偏低端。统一加工标准，对设施简陋、管理粗放的小型加工作坊进行管理或取缔，有利于旱塘村提升茶叶品质，相对应地提升其在市场中的竞争力。再次，旱塘村应推动茶叶精深加工，开展茶艺制品、茶食品等衍生产品的研发生产，延长旱塘村茶产业的产业链，加快旱塘村茶产业向高档名优转型升级。最后，旱塘茶要积极适应市场需求，坚持市场化营销。旱塘村应积极组建茶业协会，对旱塘茶进行系统管理，统一对外宣传和进行品牌塑造，提高其知名度和美誉度。旱塘村应运用现代营销模式，充分利用电商、微商平台推广销售，组织各种展销、节会等茶事活动，不断拓展市场空间。

三、完善基础设施，推广附加产业

旱塘村经过多年的脱贫工作，其基础设施较之以前改善了很多，但目前的设施状态不足以支撑旱塘村茶文化特色村寨的继续发展。因此，旱塘村在乡村振兴过程中，要充分利用政府财政拨款，把完善公共基础设施放在首位，进一步完善以道路为主体，包括水利、供电、通信、污水和垃圾处理、游客集散等配套基础设施，夯实发展基础，提高公共服务。

互联网大数据时代，充分发挥电商在茶叶销售过程中的作用是不可避免的趋势。现阶段，旱塘村虽然已开始尝试电商销售，但由于地理位置与物流费用等不利因素，此类销售路径并未发挥重要作用。旱塘村应完善物流网络，积极响应国家实施“互联网+”发展战略，推动网络光纤进乡村入农户，解决农村电子商务物流在旱塘茶进城的“最后一公里”问题。旱塘村应积极推动农村淘宝在旱塘村电商中的作用，依靠农村淘宝菜鸟物流网络强大的数据运算处理能力，加强物流信息的整合优化，最大限度降低物流成本，缩短旱塘茶在运送过程中的时间和里程。

除了以上基本的基础设施外，要实现旱塘村茶文化特色村寨的可持续发展，依托旱塘村茶文化特色村寨的各种优势积极开展乡村生态休闲旅游是必然趋势。旱塘村茶树种植目前已成规模，现阶段旱塘村茶文化特色村寨进一步发展应以生态休闲体验为主导，打造生态茶园；加强建设观光绿道，配套相应的供游人采制茶叶的设备，开设品茗休闲的场所；结合花卉苗木业或林果产业，再加上清新的空气、洁净的水源、新鲜且无污染的食物，形成绿色、养生的休闲度假区。

旱塘村位于汝城县西部，周边拥有丰富的旅游资源，如热水镇的温泉小镇、杉树园村的汝莲茶企生态农庄、三江口镇的国家森林等。旱塘村正在努力打造生态茶园，利用当地富硒、天然氧吧等特色生态环境来积极发展生态旅游，联合周边众多景点，打造“旅游一条龙”服务，增加当地旅游内容的多样性和趣味性。同时，旱塘村应加强媒体宣传，以生态旅游、服务多样为亮点，利用大众传媒为旱塘村及周边旅游景点宣传造势，从而吸引游客前往游玩、参观，以此带动旱塘村茶文化特色村寨茶叶市场。

第十三章　莽山瑶族乡跳石子瑶寨产业扶贫的实证研究

贫困问题是一个历史问题，伴随着人类社会发展的始终。反贫困既是政府实施社会治理的主题，又是现代国家各级政府义不容辞的神圣使命。消除贫困，不断改善民生，进而实现共同富裕，实现到2020年全面建成小康社会的目标，必须进一步加快我国贫困地区的经济社会发展。党的十九大向世界庄严承诺要让贫困人口和贫困地区同全国人民一道进入全面小康生活。为实现此庄严的承诺，我们的关键在于产业扶贫。习近平总书记指出："贫困地区发展要靠内生动力，如果凭空救济出一个新村，简单改变村容村貌，内在活力不行，劳动力不能回流，没有经济上的持续来源，这个地方下一步发展还是有问题。一个地方必须有产业，有劳动力，内外结合才能发展。"国家"十三五"规划中的脱贫攻坚"八大重点工程"的第一大重点工程就是特色产业扶贫。《中共中央 国务院关于打赢脱贫攻坚战的决定》提出分类施策确保按时脱贫的"五个一批"工程中的第一个"一批"也是发展生产脱贫一批①。新时代，施行乡村振兴战略，是党的十九大做出的重大战略部署。实现乡村振兴，前提是摆脱贫困，产业兴旺是重点。产业扶贫因为其本身固有的灵活性、多样性、适应性和迅速性，一直是我国扶贫开发的重要模式之一，被各类贫困地区普遍采用。

① 盛琳. 湖南省产业精准扶贫困境与对策［J］. 湖南行政学院学报，2018（2）：71-77.

莽山瑶族乡以高寒山区为主，生态环境脆弱，全乡贫困面大、贫困人口集中，呈现出“大分散，小集中”局面。跳石子瑶寨集高寒山区、生态脆弱区和少数民族地区于一体，致贫因素复杂，精准扶贫、精准脱贫难度大，但在社会组织的介入下，与当地历史文化、资源禀赋、生态环境相适应的产业扶贫、产业脱贫成效显著，仅仅两年时间便完成了整村脱贫目标。

本书以跳石子瑶寨养殖业产业扶贫作为研究对象，通过实证研究，探索其产业扶贫的实践，分析其反贫困效益，指出跳石子瑶寨产业扶贫存在的问题并提出解决方法，既有利于该地产业扶贫工作的推进，也为其他地区的脱贫工作提供了借鉴。

第一节 跳石子瑶寨概况

一、区位和自然条件

跳石子瑶寨隶属于郴州市宜章县莽山瑶族乡西岭村，位于莽山丛林之中。该村处于海拔 800 米的半山腰上，山麓气候年均温 17.2℃，极端低温 -9.8℃，极端高温 36.2℃，年降水量在 1 700 毫米，夏无盛暑，春夏潮湿多雨，秋冬雨少多雾。跳石子瑶寨有林地山场 150 余亩，大部分是生态林，丛林覆盖率 100%，山峦重叠，溪河纵横，四季溪水长流。跳石子瑶寨四周 3 000 米范围内没有居民生活污染，30 千米范围内没有工厂污染，风光秀美，空气清新。同时，跳石子瑶寨土地资源也十分丰富，全村共有耕地 4 000 亩。这些都为跳石子瑶寨经济的发展奠定了自然基础。

二、贫困状况

跳石子瑶寨地处偏远，交通和信息闭塞，农户的收入来源以劳动力外出打工收入为主，整体收入较低。“靠山吃山，靠水吃水”，广袤的山场林地也曾经是跳石子瑶寨村民的收入来源，一些留守在家的妇女和老人只能以耕作为生，通过种茶、卖竹子来补贴家用。

在实地的访谈过程中，一位当地的村民这样介绍：

“在我们这里，大家有种茶、制茶的传统。我种茶有十几年了，以前茶叶收入很低，茶叶没有人收购，卖不出去，只能自己带到市场去卖，就算是春茶，价格也才四五十元一斤，所以我们一年也只采摘春茶，秋茶不会上山采摘。早些年，我们种的茶也并不多，没有专门种茶，只有在种菜的地方顺便种一点。卖竹子也只是有人来村里收购了，才会上山砍一些卖，竹子的价格也是很低的。像我们这样常年呆在家的，基本上是没什么收入的，家庭还是要靠孩子他爸在外地赚钱，一般都是苦力活，收入也不高。”（资料来源于ZSJ，跳石子瑶寨村民，女，40岁左右，在家务农，2014年被确定为村里的重点扶贫对象。）

在农村，只有农业得到发展才能增强其经济发展的动力，保证农民收入的持续增长。跳石子瑶寨的农业既受到地理环境制约，又受到农民低市场参与能力的影响，使当地并没有形成自己的产业，导致农业生产发展长期停滞不前，以种地为生的村民自然成为低收入群体。由于跳石子瑶寨地处珠江水源生态林保护区，大片的森林资源被纳入国家保护范围，不允许砍伐，这对以林业、副业为主的村民来说，无疑加重了贫困程度。直到2014年，跳石子瑶寨实行产业扶贫后，在短短两年之内竟然就实现全部脱贫摘帽，在脱贫致富的道路上不断前进。

第二节 跳石子瑶寨产业扶贫实践

早在国家启动“八七”扶贫攻坚计划之际，跳石子就被国家列入扶贫对象，屡次扶贫，但自始至终都未帮助其远离贫困，其中的原因是多维的。据笔者分析，导致跳石子瑶寨村民贫苦的原因有：地理环境较为封闭、生态十分脆弱、社区资源匮乏、农户参与市场竞争能力不足。短短几年时间内，村民之所以能摆脱贫困，是因为产业扶贫历经了引进品牌农业公司、成立农业合作社、组建平等的项目公司。

一、引进品牌农业公司

近年来，随着农产品竞争日益激烈，品牌的打造日益得到重视，各级政府和企业积极努力培育与打造许多具有地方特色的农产品品牌和驰名商标，为农民增收、摆脱贫困做出重要贡献。

长期在外务工的经历开阔了跳石子瑶寨村民的视野，他们意识到想要增加他们的收入，就必须因地制宜，充分利用地域优势资源，发展特色产业，打造“一村一品”，使资源优势转化为经济优势。为了发展优势产业，跳石子瑶寨的新乡贤经过了多次探索，于 2014 年引进莽山土里巴吉生态农业有限公司。在该公司带领下，跳石子瑶寨开始发展特色产业。合作社负责人 ZWB 告诉我们：

“2013 年，我和亲戚尝试养野猪，一番商量后，一起决定买进 6 头小野猪。最后，没想到的是，因为野猪不能繁殖，只有 3 头野猪存活，亏掉近两万元。我为此感到心灰意冷，在寻求致富无门的时候，一次偶然的机会与何教授“结缘”。他是一位大学教授，也是莽山土里巴吉生态农业有限公司的董事长，6 年多的时间里深居简出，蛰伏在莽山，让湘西土猪与当地野猪杂交，育种培育了一个新的地方优良禽种——莽山黑豚。2014 年的冬天，我慕名来到莽山钓鱼坑山上，看到在山上奔跑的莽山黑豚时，很振奋地对何教授说：‘咱们跳石子有大山，自然村想跟您合作，按照你们的养殖方式，把莽山黑豚放到我们那边去养，怎么样？’何教授看着我殷切的眼神，毫不犹豫地就答应了我的请求。后期，何教授来到跳石子瑶寨，前后考察了五六次，还到部分家庭进行走访，了解了这里各方面的情况。在地理位置上，何教授看中了金鸡冲。”（资料来源于 ZWB，男，40

岁左右，跳石子瑶寨村民，养殖莽山黑豚的发起人，现为合作社法定代表人。）

莽山土里巴吉生态农业有限公司致力于生产、供应安全食品，是一家拥有自己核心技术和品牌的公司，主打品牌是优良品种——莽山黑豚。那么，莽山黑豚真的能适应当地的环境吗？其特色又在哪里？莽山土里巴吉生态农业有限公司董事长何教授告诉我们：

“在养殖方式上，我们采取‘古法’牧猪。莽山林地蕴含丰富的富氧离子，泉水密布。黑豚呼吸这里清新的空气，喝的都是莽山的矿泉水。橡树遍及跳石子瑶寨，天然橡子是黑豚喜好食用的。莽山黑豚吃的都是这里的自然食材以及具备知识产权的发酵饲料，饲料原料是麦麸、玉米、稻谷、黄豆，然后经由酵母菌、乳酸菌结合发酵而成，调配好的料里都加了一些中草药，让猪病提早得到预防。现在，莽山黑豚养殖技术成熟，这么大的林地让猪满山跑，在放牧黑豚过程中，我们完全遵循猪的天性，进行野外放养。比如，我们让母猪自由地在丛林中产崽，为它们建造大小相仿的猪窝，训练黑豚按时作息的习性。另外，该生态养殖模式采取鸡与黑豚混牧的方式，一头黑豚配5只鸡，鸡飞到黑豚身上嬉戏可以为黑豚抓痒疏通脉络，啄食虱子。黑豚会吃体质瘦弱的鸡，鸡为了防止被黑豚吃掉，飞在楠竹上，从而使鸡的活动量大大增加，这样鸡肉的肉质也变得更加紧致。黑豚出栏必须是确保在养殖一年以后。每头猪能重达180斤左右，长期在山林中运动锻炼的莽山黑豚的肉质非常好，肥而不腻，猪的品质得到了保证。”（资料来源于何勇，男，“莽山黑豚”之父，现为莽山土里巴吉生态农业有限公司的法定代表人。）

跳石子瑶寨独特的地理环境，使得特色物种生存条件得天独厚，莽山黑豚养殖充分整合当地的林地资源。以优质社区资产为媒介与品牌农业企业合作，便成了探索脱贫的路径。莽山土里巴吉生态农业有限公司为跳石子瑶寨树立了一个农产品品牌。在郴州，人人都会说“莽山黑豚”是莽山继“莽山烙铁头”后的又一张名片，已经在珠三角地区乃至全国都享有盛名。

二、成立农业合作社

对于原本经济就是十分脆弱的农民来说，想要增加农户家庭收入，单靠个人力量总是显得力不从心，这就需要一个有力的组织基础，在增强农业抗风险能力方面发挥应有的作用，农业合作社作为农业市场的主体就是很好的选择。在跳石子瑶寨，产业扶贫就是离不开农业合作社的，两者紧密相连。

在何勇的建议下，2015 年 5 月，村民小组长 ZWB 带领村民成立了跳石子农业社，在前后不到一个月中，28 户农户，有 25 户入社。社员入社资金一律平等，依照最低标准，每户 4 000 元。合作社有特定的章程，负责人由社员集体讨论并确定。

农业合作社作为农村的市场主体之一，已经为社会各界所耳熟能详，其利弊在学界也莫衷一是，褒奖者有之，批判的声音亦不绝于耳。在实地考察过程当中，笔者切身感受到了村民对合作社的肯定与支持。当地农业合作社的特别之处在哪里？发挥了哪些作用？据了解，当地合作社的作用主要体现在以下三个方面：

首先，完成土地的流转。农业的发展离不开土地资源，养殖业也是一样。莽山黑豚采取放牧的形式，就需要较大面积的山场为黑豚提供充足的天然食物和活动空间。村民的山场都是承包到个人的，承包起来难度极大，想要把林地组织起来，就需要合作社在这方面承担起相应的责任，流转的林地面积达到 5 000 亩，可以放牧 300 头黑豚，为放牧黑豚提供了充分的空间。贫困人口以土地入股的形式参与到扶贫项目中来，提高了贫困人口的参与度，激发了贫困人口的内生动力①。

其次，共同的项目作为连接纽带。领头人 ZWB 从本地资源出发，经过自我不断的摸索和何勇教授的帮助，确定了莽山黑豚这个项目。

最后，与莽山土里巴吉生态农业有限公司组建项目公司，打造自主品牌，致力于生产高端食材。合作社、莽山土里巴吉生态农业有限公司各自持有 50%股份，合资组成项目公司，公司法定代表人由合作社委派的社员担任是由章程规定的，财务也由合作社委派的社员管理，真正做到让农民成为自己的主人，激发农民的内生动力。合作社是农户和公司之间的桥梁与中介，公司与合作社签合同，合作社与农户之间有合作章程，由此构建了三方责、权、利，实现了三方共赢②。

三、组建平等的项目公司

农产品只有真正地流向市场，成为大众的消费品，才能真正转化为经济效益。农民社会资源缺乏，为了顺利对接市场，需要做出哪些努力？据调查，合作社与莽山土里巴吉生态农业有限公司合建项目公司，即莽山黑豚跳石子公司。在项目公司里，合作社承包全组 3 500 亩林地，村民以林地作为条件入股，并将林地交由项目公司进行集中放牧经营，技术和品牌是莽山土里巴吉生态农业有限公司的入股前提，同时，莽山土里巴吉生态农业有限公司承担起开发黑豚营销渠道的主要责任 。

相信农民，尊重农民，只有农民才是持续脱贫的动力。合作社、莽山土里巴吉生态农业有限公司各占 50%股份，股份相同，互不控股，社员等额出资。公司成立之初，募集股本金以最低认缴额为标准，考虑到合作社经济情况，由其先给出资金额度，莽山土里巴吉生态农业有限公司给出同样的资金。农民出了本钱就是主人，会把公司的事当做自己事来做，这正

① 刘建生，陈鑫，曹佳慧. 产业精准扶贫作用机制研究［J］. 中国人口·资源与环境，2017（6）：127-135.

② 盛琳. 湖南省产业精准扶贫困境与对策［J］. 湖南行政学院学报，2018（2）：71-77.

是对公司口号“一切权利归社员，共同致富靠团结”中全部精神的完美诠释。项目公司法定代表人及财务管理者由社员担任，社员当家做主，由此形成了扶贫各方都满意的利益联结机制，发挥了极佳的社会经济效益。

“莽山黑豚”是莽山黑豚跳石子公司的品牌，其生产过程全程可溯源，建立了产品透明机制和诚信伦理机制，消费市场具备诚信，颇得市场销售者的青睐。莽山黑豚的销售渠道是各式各样的。一是在跳石子瑶寨创建莽山黑豚品鉴馆，让顾客体验黑豚肉品质，而且这种新鲜的体验方式是可以复制的。当然，这种复制也有着严格的条件，莽山黑豚品鉴馆必须按照公司的统一要求，不然不会同意他人加盟。当前，“莽山黑豚”品鉴馆已经在北京、长沙、深圳、郴州等地开设。二是采取订单的方式来保证“莽山黑豚”的销售，比如与北京食为先公司、郴州市的星级酒店签订稳定的生产合同。三是在珠三角地区等直接连接市场。四是 2017 年年底，在广东食品药品职业学院的帮助下，公司有了土里巴吉电商馆，将原来只在线下销售的黑豚肉统一包装上网并进行物流配送，将生产、流通以及消费带入了一个网络经济、数字化生存的新天地①。

第三节　跳石子产业扶贫的成效分析

莽山土里巴吉生态农业有限公司与跳石子农业合作社合作以来，在几年时间内都获得了哪些收益呢？笔者运用社会学参与式调查的方式对该产业扶贫取得的成就进行了评估，主要从产业多元化、农户收入增加、社区发展、传统文化复苏、生态意识提升等方面展开分析。

一、产业多元化，产业扶贫的生命力增强

想要实现贫困地区经济的可持续发展，就必须加强产业扶贫的生命

---

① 李志萌，张宜红．革命老区产业扶贫模式、存在问题及破解路径——以赣南老区为例[J]．江西社会科学，2016（7）：61-67.

力。产业扶贫需要以市场需求为导向，以经济利益为中心，以产业发展为杠杆，以企业为依托，因地制宜充分利用贫困地区的气候、地貌、农作物、人力资源等特色资源优势，大力发展以农业、工业或旅游业为基础的支柱型产业①，形成多产业、长链条、多路径的产业化扶贫态势②，促使贫困地区经济得到发展，贫苦群众摆脱贫困。从产业类型来看，跳石子瑶寨主要有以下两类：

第一，发展黑豚养殖业。在莽山土里巴吉生态农业有限公司的带领下，村民以合作社为中介，流转土地资源和劳动力，流转的林地面积达到5 000亩，可以放牧300多头黑豚，进行黑豚的规模化养殖，莽山黑豚成为当地的一个品牌。

第二，利用本地的自然、人文资源发展旅游业。2016年，抓住当地政府大力推广乡村旅游的机遇，何勇指导村民开设了莽山黑豚品鉴馆，致力于乡村旅游发展，接待前来莽山观光游玩的旅客。当地的游客大多来自珠三角地区，他们可以在跳石子瑶寨亲自观看莽山黑豚原生态的养殖过程、鸡猪共同生活的奇特景象，在莽山黑豚品鉴馆里体验清水素煮、素涮、素蒸等极简吃法，品尝独特的莽山黑豚风味。与此同时，当地瑶族文化也在逐步恢复当中，民族文化更是成为吸引游客的一大因素。为了给旅客提供住宿服务，跳石子瑶寨的村民陆续在自家建起了民宿。

二、农户收入增加，实现整体脱贫

农民增产增收，实现家庭脱贫是产业扶贫的根本目的，是否提高农户经济收入，也是衡量产业扶贫是否具有成效的重要标准。在养殖业和旅游产业的发展下，农民的收入得到了增加，收入结构得到优化，增收的来源大致可以分为以下三部分：

---

① 盛琳. 湖南省产业精准扶贫困境与对策［J］. 湖南行政学院学报，2018（2）：71-77.

② 莫光辉. 精准扶贫视域下的产业扶贫实践与路径优化——精准扶贫绩效提升机制系列研究之三［J］. 云南大学学报（社会科学版），2017（1）：102-112.

首先，公司年终分红。2017 年年底，每户获得 4 000 元的分红和 5 斤黑豚肉，利用这些分红，农民可以购买过年所需物品。跳石子瑶寨村民从以往总是害怕过年到期待着新年的到来，这一转变正是增收后的幸福心态的体现。2017 年年底，在原社员的一致同意下，过去没有加入合作社的 4 户人家成功加入合作社，合作社带领全组村民一起发家致富。

其次，农产品的出售。在跳石子瑶寨，我们看到一家十分特别的农产品超市，里面只有商品，却没有一位店员。超市里摆放的是林林总总的山货，农产品包装上写有农产品出自哪家农户的名字和电话号码。那么，超市是怎样将这些商品销售出去，并为卖家创收的呢？带着疑问，我们采访了莽山土里巴吉生态农业有限公司总经理 ZBH。

“这里摆的一个农产品样品，客人来了以后，品尝一下各家茶叶的好坏，让游客去挑选农户的茶叶，挑选以后游客感觉这户人家的好，就用这户人家的，这就激励了农户把自己的茶叶种好、制好，这样就更增加了农户的积极性。从 2015 年开始，茶农们不仅采收春茶，也采收过去无法卖出去的秋茶，秋茶一般 100 多元一斤。经过发展，全村的茶园面积 200 多亩，每户约 3~5 亩，每年的总产量在 4 000 斤左右。除了扩大种植面积外，茶叶品种也增加了。一年后，每户大约增收 4 000~5 000 元。在跳石子瑶寨总共有 20 多户村农将农产品样品寄放在超市里。以这样的方式卖山货，不仅解放了村民的时间，农户收入也得到增加。”（资料来源于 ZBH，男，瑶族，1973 年 11 月出生，中共党员，宜章县莽山瑶族乡钟家村 5 组村民。2009 年 3 月，成立了莽山土里巴吉生态农业有限公司。）

农产品的销售不仅仅包括茶叶，还包括过去不值钱烂在田地间的红薯、芋头、蔬菜等，这些土特产没有使用过化肥、农药，品质优良，消费者更是喜欢，它们都可以换成实实在在的货币，在我们的采访过程中，一位站在自家菜园旁边的村民 ZXH 这样对我们说：

“近两年时间里，村里游客多了起来，我们之前卖不出去的农产品都成了抢手货。为了村里的农家乐和游客，我家特意多种了几亩青菜，按照现在的收入状况，一天内青菜收入不低于40元。”（资料来源于ZXH，跳石子瑶寨村民，女，60岁左右，自合作社成立起就加入合作社进行黑豚养殖。）

从这位村民的谈话中，我们可以感受到产业扶贫带给人们一连串的实实在在的利益，让农民增收不再成为空想，而是以直接的收入来填充农民的“钱袋子”。

最后，来往的游客带动当地服务业的发展，农民实现增收。入社的25户社员，每家都有不少空房子，为充分利用空间，公司对入社农户空余的房间进行了征收，在公司的统一包装下，村民每家都把多余的房间腾出来作为客栈，由公司统一经营，仅食宿一项每年都增加了10万元以上的收入。

综合各项收入，跳石子瑶寨参加合作社的25户村民，每个家庭增加的收入在4万元左右，人均增加收入近万元。如果按照湖南省2019年人均纯收入3 700元的贫困标准，跳石子瑶寨村民在2016年的收入就全部超过贫困线，提前实现小康社会。

三、社区发展，社区治理水平提升

自莽山黑豚跳石子公司项目实施以来，跳石子瑶寨除个人富裕之外，农村社区也带来了可喜的变化。就社区发展来说，跳石子瑶寨良性运行、协调发展。

首先，基础设施不断完善。莽山黑豚的规模化养殖和当地旅游的发展推动跳石子瑶寨必须完善道路等基础设施的建设。2016年，县政府为扩宽进山的公路，投资80多万元，跳石子瑶寨走在了致富的大道上。

其次，社区治理人才储备不断优化。随着产业的发展，一批懂技术、懂管理和懂生产的新型农民，且在地方极具影响力的新乡贤脱颖而出。

2016年，跳石子瑶寨有10名外出打工的青壮年劳动力回流，参加到公司的管理经营之中。常年在江苏工作的25岁的ZJ，为建设家乡，率先辞职回乡，挑起重任，自2016年5月起，管理整个莽山黑豚品鉴馆的运营。

最后，社区治理水平不断提升。一方面，ZWB为合作社法定代表人，充分发挥他在社区治理中的战斗堡垒作用；另一方面，社区居民参与公共生活的能力增强。合作社的口号是“一切权利归社员”，一切涉及生产的基础设施、再生产、资金分配等重要事项都由农民自己做主，农民做自己的主人，获得了有尊严的生活，人人都把公司、合作社当成自己的家，人人都以公司、合作社为荣，都积极参与当地的公益事业。

四、传统文化复苏，传承民族文化

文化既是一个民族的根，又是一个民族的灵魂，还是一个地域的精神纽带。在产业扶贫之前，跳石子瑶寨的传统瑶族文化正在逐渐消失，如传统瑶居和学堂被拆除，年轻人不会唱传统瑶歌、绣瑶服。在何勇的倡议下，2016年6月1日，旨在把瑶族歌舞唱起来、跳起来，把瑶族服装穿起来，把瑶族文化和国学文化传承下来的“农耕学堂”在跳石子瑶寨正式启动。跳石子瑶寨请乡镇上的人来教唱瑶歌，跳石子瑶寨村民吟唱自己的瑶寨歌《迎着太阳，走在致富的大道上》，优美的瑶歌从教室飘出，响彻山谷，唱出了瑶民新生活，一派吉祥。

在跳石子瑶寨，村民不仅传唱原生态歌谣，民族音乐还在不断推陈出新。在调查中，我们获得了这样的故事。

2014年，北京高山流水博乐文化艺术有限公司的创始人施文博、符杨夫妇，在一次偶然的下乡采风中，来到了郴州宜章莽山。在这里，他们一下子被神奇秀美的自然风光和独特淳朴的瑶寨风情深深吸引，尤其是他们在瑶族村民家中串门时，许多流传至今的原生态歌谣又被发现，音乐灵感在他们心中喷薄而发，他们合作创造出《山水情》。2018年3月21日，北京高山流水博乐文化艺术有限公司莽山音乐部落在莽山千年瑶寨西岭村正式挂牌成立。由此，音乐与莽山结缘，让莽山为美丽律动起来。（资料来源于“莽山农庄”微信公众号，该公众号由莽山土里巴吉生态农业有限公司董事长何勇运营，专门用于宣传“莽山黑豚”的养殖方式、销售等各方面的消息。）

“农耕学堂”今后还会陆续开讲产品溯源监督、瑶族文化与游客、犁田煮酒磨豆腐农耕体验等，每季最少有一讲，主要内容是传授“致富经”，传承瑶族文化特色，摸索乡村建设之路。村里会绣瑶服的老人教年轻人刺绣，让村里人习惯穿民族服饰，慢慢地拾起传统瑶族文化。从长远的发展角度来看，农村建设离不开文化这一根基底蕴。

五、思想观念转变，生态意识提升

跳石子瑶寨扶贫模式带来的生态效益明显。就村民思想观念而言，生态文明意识明显提升，这一意识主要体现在农产品的生产过程和社区环境改善方面。当地的养殖人员 ZY 说道：

“跳石子公司坚持‘生态、环保、绿色、安全’理念，发掘总结了一套适合南方山区的‘古法放牧’模式。我们依照这类模式，实行猪鸡混牧，建立排泄物自动清理生态闭环体系，饲料由玉米、稻谷、小麦、大豆谷物发酵而成，实现全程不打疫苗、不用抗生素和激素，采用中草药防治疾病，保证绿色无污染。经由科学放牧，3~5 亩林地放牧一头猪；小群放牧，每群 50 头。这样让排泄物天然消化，最低的标准是不污染环境。我们要力争通过生态平衡达到理想的目标，馈养森林，促进生态繁荣。”（资料来源于 ZY，跳石子村民，男，60 岁左右，现为莽山黑豚的养殖员。）

以前，当地农民淳朴、善良，但在利益导向的价值观的影响下，加上村民仍然普遍缺乏科技知识，简单相信农资商家的过度宣传，滥用农药、化肥、除草剂。何勇教授来到跳石子瑶寨后，设立了“农耕学堂”，村民的思想发生了很大的转变。合作社负责人 ZWB 向我们介绍道：

“‘农耕学堂’传播科学知识，村民在学习新技术后，以前使用农药、化肥、除草剂的现象得以改善。以前，茶叶种植村民一味追求产量，村里组建合作社并通过公司运营后，种茶方式开始向生态农业转变，转而追求质量，不洒农药，不用除草剂，人力除草，养一片茶园鸡，鸡在上面捉虫，鸡粪能给茶叶增加肥料。为了提高茶叶品质，茶农们依然坚持手工制茶，茶叶通过杀青、揉捏等多个步骤，一斤成品茶叶制作出来，往往需要耗费 2 个小时，工序比较麻烦，但手工茶原有的香味比通过机器加工出来的更清香，村民迎合客户的要求，制作手工茶，保证了茶叶的高品质，农产品绿色、健康，让人放心。”（资料来源于 ZWB，男，40 岁左右，跳石子瑶寨村民。养殖莽山黑豚的发起人，现为合作社法定代表人。）

在产业扶贫过程当中，生态意识逐步深入人心。跳石子瑶寨还进行了入社道路改扩建和村落民居改造，美化了村容村貌，跳石子瑶寨焕然一新。村民自觉地在村道各路口安置了垃圾桶，并有专人负责村寨的卫生，对生活垃圾进行无害化集中处理。有时合作社会组织村民集体打扫卫生，为游客的到来提供优美的环境。

第四节　跳石子瑶寨产业扶贫存在的问题

如前文所言，产业扶贫的发展使跳石子瑶寨发生了显著的变化，给跳石子瑶寨带来了实实在在的进步。与此同时，我们也应当看到跳石子瑶寨在产业扶贫发展过程当中存在的问题。

一、资金有限，产业扶贫规模小

产业扶贫资金需求较大，跳石子瑶寨资金不足严重制约了产业规模的扩大，无法适应农业产业化与规模化发展的需求，发挥出特色产业的优势。据莽山土里巴吉生态农业有限公司总经理ZBH介绍：

“资金不足是一个最大的问题，严重阻碍了产业规模的扩大。农户资金有限，政府往往更关注产业发展取得的成效，我们没有得到政府在资金、政策等方面的照顾，因此这几年我们的产业规模较小。最近几年政府的帮助主要体现在帮助莽山黑豚做宣传。产业发展过程中遇到资金等问题，一直都是我们自己在寻找解决办法。”（资料来源于笔者对莽山土里巴吉生态农业有限公司总经理ZBH的访谈。）

通过几年的奋斗，产业扶贫在跳石子瑶寨取得了一定的实效。就产业扶贫的目标而言，经由兴办产业，贫困家庭的收入增加，正在一步步解决生产和生活上的困难。可是，产业的发展规模小，从一定程度上致使产业扶贫的经济效率较低。这从两方面可以看出：一是从分红的情况来看，2016年年底分红每户都是5 000元加上5斤黑豚肉，2017年年底每户分红减少1 000元。二是产业发展所能容纳的剩余劳动力极其有限，仅限于在莽山黑豚品鉴馆工作的4～5名工作人员，村里的年轻劳动力仍在外地务工。

二、旅游发展滞后，产业融合浅显化

农村的发展不能仅仅依靠第一产业，要把产业链连贯起来，在发展一、二产业的同时，发展休闲观光旅游、乡村旅游等，从而促进三次产业的融合[①]。产业扶贫通过走产业融合的道路，可以加强其可持续发展能力。从总体上来讲，跳石子瑶寨重点在发展养殖业，旅游业的发展几乎处于停滞状态，导致产业融合度偏低。

当地旅游发展滞后，一方面是由于旅游发展的基础设施不完善，村寨里仅建有一个公共卫生间，且面积小；当地通信信号较弱；没有达标的住宿环境，民宿都只是村民空闲房子简单改造而成，条件完全达不到游客住

① 杨佩雨．信阳市产业扶贫问题研究［D］．郑州：郑州大学，2016.

宿的标准。另一方面是由于缺少特色的旅游元素。游客来到当地，仅能简单观看放猪过程，瑶族文化作为跳石子瑶寨特色旅游元素并没有发挥其作用。合作社负责人这样对我们说：

“现在，我们为了提升整体效益，积极响应国家政策，发展养殖业的同时发展乡村旅游。但是，当地特色旅游要素——瑶族文化却基本丢失，这几年，我们的旅游业一直没有发展起来，养殖业与旅游业未能很好地一起发展。瑶族文化的缺失是由于我们这里特殊的地理位置和长期的贫困，使得瑶寨越来越被社会边缘化。社会不断发展，想要摆脱贫困的瑶族人民积极学习外面的新的东西，而把本属于瑶族的文化慢慢丢失，传统瑶居被拆毁建立起新式楼房，传统瑶族语言在村民之间很少被说起，现在的年轻人遗忘了传统的瑶歌，传统的瑶族服装由于工序的复杂也没有多少人愿意拾起。”

三、农民文化素质低，内生动力不足

跳石子瑶寨产业的发展带动部分青年劳动力回流，劳动力的素质一定程度上得到了提升，但与蓬勃发展的产业要求来说还是有很大的距离。据调查，村民受教育程度整体不高，大部分集中在小学水平，少部分青壮年劳动力上过高中，村里仅有一名大学，且并没有回乡发展。村民思想观念保守，有的村民不愿意参与到产业发展过程中来，更愿意接受国家或政府的资金补贴，这是农业产业化中不可忽视的因素。莽山土里巴吉生态农业有限公司总经理 ZBH 告诉我们：

“产业帮扶这块，农民文化素质还很欠缺。现在产业要做大，资金是很大的问题，虽然贷款是一种解决方法，但在贷款方面，如果是贴息贷款，那是需要有贫困户参与的，符合条件的部分贫困户不理解，他们想贷的款自己用，没想把钱用在公司。还有的农民的依赖思想比较重，比较懒散，没有奉献的心，做一个大众的事业，他们不会真正地当做自己的事来做。”（资料来源于笔者与莽山土里巴吉生态农业有限公司总经理ZBH的电话访谈记录。）

想要把产业做大做强，我们就必须获得农户的支持。显然，现阶段，农户的思想需要进一步解放，否则会成为产业发展的一大核心阻碍因素。

第五节　跳石子瑶寨产业扶贫问题的解决途径

多次的田野调查，笔者既看到了产业扶贫给跳石子瑶寨带来的发展速度与质量，同时也意识到了其存在的问题，对于这些或明或暗的问题，要实现当地更好的发展，我们认为解决跳石子瑶寨产业扶贫问题的途径如下：

一、多渠道融资，壮大产业规模

（一）进一步发挥财税金融政策的保障作用

考虑到跳石子瑶寨的区位环境和气候特征，当地的市场信息不顺畅，产品运输困难，企业到该地投资意愿其实并不高。政府应当建立科学合理的资源产业动态补偿机制，即按照本地的脱贫计划和产业发展的实际需要，做到突出重点、一产一策，并根据产业发展带动贫困群众就业的多寡和扶贫贡献的大小，给予适当的补偿。补偿的标准不是一次性的、固定不变的，而是持续的、动态的。补偿的形式亦是多样化的，既可以是现金补偿、产业奖补，也可以是采取信贷优惠、税收减免等①。

（二）引入企业带动民宿发展，使农户的收入渠道拓宽

仅靠政府财政收入为主导的传统的单一扶贫融资模式没法适应现代农

---

① 唐建兵．集中连片特困地区资源产业精准扶贫机制研究——以四川藏区为例［J］．四川民族学院学报，2016（2）：50-55.

业产业化与规模化发展的需要①。民宿的发展可以增加农民的收入，提高整村经济效益，进而支持产业规模的壮大。由于农户人力资本不足，项目公司需要做出努力，为旅游的发展大力引进基础好、有潜力、竞争力强、有能力的民宿企业支持民宿的发展。莽山土里巴吉生态农业有限公司总经理这样对我们说道：

“我们一直在建议农户把民宿发展起来，但是他们却处于观望之中，积极性不高。为了民宿的建设，最近公司在引导一家民宿企业与跳石子瑶寨合作，该公司依我们的莽山黑豚品牌来提高自身名气，我们借助于他们的力量发展民宿，该公司如何与农户、莽山土里巴吉生态农业有限公司合作，我们仍在进一步的协商之中。”（资料来源于笔者与莽山土里巴吉生态农业有限公司总经理 ZBH 的电话访谈记录。）

该类企业在产业扶贫中肩负着带领贫困人口脱贫致富的责任，不仅在资金实力、人力技术等方面需要严格的考核，还需要考核企业的企业文化、经营理念和价值取向等维度。企业要有担当有决心，敢于和广大农民一起面对产业项目开展中出现的问题和困难，以农民利益为主，帮助农民创收的同时也壮大企业发展，实现共赢。

二、构建特色文化旅游体系，促进产业深度融合

跳石子瑶寨应树立综合发展、融合发展意识，集合各种资源和生产要素，尽量降低产业和企业发展的综合成本，提升综合效益。在发展莽山黑豚等特色养殖的同时，跳石子瑶寨应充分开发特色养殖的旅游元素，把特色养殖与乡村旅游相结合，实现特色养殖业的综合发展。

（一）以“莽山黑豚”为载体，打造养生观光参观型生态农业园区

养殖基地现场“鸡飞猪跑”的生动画面可以做成观赏性节目，吸引游

---

① 李志萌，张宜红. 革命老区产业扶贫模式、存在问题及破解路径——以赣南老区为例[J]. 江西社会科学，2016（7）：61-67.

客参与到活动中去，体味莽山黑豚带来的趣味与文化。跳石子瑶寨应拓宽创作题材，除有关莽山黑豚的宣传册外，深度挖掘莽山黑豚的历史渊源，拍摄反应莽山黑豚文化的纪录片、影视材料等，集中展现莽山黑豚的历史以及养殖过程。

（二）善用民族文化资源，通过非物质文化遗产等吸引游客

跳石子瑶寨享有“千年瑶寨”之称，瑶族文化独树一帜，将特有的瑶族节日、瑶族服装、瑶歌恢复起来，使该地的民族特色与优美的自然风光旅游结合为一个整体，可以让更多游客体验瑶寨生态和瑶族文化旅游。在推进瑶族文化蓬勃发展的同时，跳石子瑶寨应积极引导困难群众适度拓展民宿业、餐饮业、民族手工业等相关产业，围绕旅游产业做文章，丰富特色旅游，以促进就业，增加收入。产业发展只有在充分激发农户的活力的情况下，才能达到多方参与、多方共赢的目的。

三、加大教育投入力度，鼓励“自我”扶贫

实施产业扶贫的关键是农户自身参与其中①。贫困人口的脱贫致富不能仅靠政府、企业的带头作用，我们更应该鼓励贫困户主动发挥主人翁精神。我们可以从以下几方面采取改进措施：

（一）继续充分发挥“农耕学堂”的作用

一是为贫困户提供有关农业生产的技术支持和成长需求，就是为贫困户提供学习生存技能，锻造其自力更生的能力。只有加强对贫困户的职业技能培训，从“体力型”劳动力转变成“技术型”劳动力，消除“等、靠、要”思想，激发内生源动力，才能调动当地民族群众的积极性和主观能动性，将自身“造血”同外来“输血”相结合②。二是加强对农户的思

---

① 杜丽. 精准脱贫中产业扶贫的路径分析——以湖北省天门市119个贫困村脱贫实践为例[J]. 农村经济与科技，2017（22）：128-129.

② 彭谦，李阳. 民族地区特色产业精准扶贫策略分析——以广西钦州灵山县特色养殖产业为例［J］. 贵州省党校学报，2017（2）：96-101.

想教育工作，使其树立勤劳致富、科学发家的风气和诚信团结的作风，自力更生，艰苦奋斗，实现该村“我要发展”的根本转变。

（二）加强跳石子瑶寨的基础教育，把长远的产业规划放在人才储备上

跳石子瑶寨应加大对贫困家庭子女的帮扶工作以及基础教育的相关建设，以提高新一代农户文化素质。

第六节 本章小结

本书以跳石子瑶寨实际调研的相关资料为基础，对跳石子瑶寨的产业扶贫进行分析。研究表明，在跳石子瑶寨的自身条件下，产业扶贫的实践分为三部曲，依次是引入品牌农业公司，成立农业合作社，组建平等的项目公司。在扶贫各方的共同努力下，跳石子瑶寨取得了一系列成效。针对在扶贫过程中跳石子瑶寨存在的问题，笔者提出了自己的意见：多渠道融资，壮大产业规模；构建特色文化旅游体系，促进产业深度融合；加大教育投入力度，鼓励“自我”扶贫。综合上述分析，笔者认为该地区带领农民一步步脱贫的产业扶贫实践，可以为其他农村地区的发展提供借鉴。

本书还需要进一步深入探讨的地方在于由于本书是个案研究，研究观点偏安一隅，其结论的普适性有待我们在今后的调研中进行完善和弥补。

第十四章　神州瑶都绿色崛起的质性研究

江华瑶族自治县是全国 11 个瑶族自治县之一，地处湖南省最南端，潇湘源头，位于南岭走廊核心区域湘、粤、桂三省接合部，G207 国道贯穿南北，洛湛铁路穿越县城，S355 线横穿东西，夏蓉高速、二广高速、道贺高速、桂广高速都已经建成通车，区位优势日渐凸显。全县森林覆盖率 78.78%，原始森林和原始次生林达 50 余万亩，空气中负氧离子含量最多处每立方厘米达 10 万个，被称为“天然氧吧”“华南之肺”。全县总面积 3 248 平方千米，辖 16 个乡镇、1 个国有林场，总人口 52 万人，其中瑶族人口 34 万人，是一个集“老、少、边、穷、库、大、快”于一体的县城。

然而就是这样一个空间偏远、政治经济边缘的瑶族县，最近几年来，社会经济持续向好，创造了一个个历史新纪录。2016 年，全县完成地区生产总值 102 亿元，突破百亿元大关，是 2010 年的 2.18 倍，年均增长 11.6%；完成财政总收入 11.36 亿元，跨过 10 亿元门槛，是 2010 年的 4.25 倍，年均增长 27.5%，主要经济指标增幅连续五年居永州市第一。小康建设总体实现程度达到 93.2%。2014 年，全县共识别贫困村 112 个，识别贫困人口 10.34 万人。经过 3 年的精准扶贫，全县共减少贫困人口 6.5 万人，退出贫困村 20 个，贫困发生率由 2014 年年初的 24.1%降至 2016 年年底的 8.7%。2015 年和 2016 年脱贫攻坚工作考核在湖南省 51 个贫困县中分别排第4名、第1名。2019年，江华瑶族自治县整体上脱贫，退出贫困县序列，提前一年实现更高水平的小康社会。

发生在江华瑶族自治县村镇的巨变，被社会各界称为“江华奇迹”。《湖南日报》《永州日报》等新闻媒体对江华瑶族自治县的崛起与发展做过深度报道。我们曾深入江华瑶族自治县的经济开发区、沱江镇、桥市乡、大路铺镇、大石桥乡的部分瑶寨开展社会调查，尝试用社会学、人类学的质性研究方法，对江华瑶族自治县的绿色崛起从生态产业、园区企业以及党建引领创新等方面进行剖析。

第一节 实施绿色崛起战略

南岭走廊犹如五条绿色屏障，呵护着华南大地，绿色是南岭的本色。萌渚岭北麓潇水源头的江华瑶族自治县2/3的面积为林地，处处郁郁葱葱，以“杉木之都”闻名于世。绿水青山就是金山银山，呵护绿色，保护生态，实施涵盖生态农业、生态旅游业在内的绿色崛起战略成为江华人民的自觉选择。

一、抓实瑶族茶文化特色小镇建设，助推生态农业升级

南岭走廊为我国著名的茶叶产区，从乔木茶到灌木茶均有分布，仅仅乔木茶就有100多个种类。有学者说，作为“一带”与“一路”的对接点，南岭走廊茶叶发挥了积极作用。其中，广东罗坑瑶族生产的“罗坑茶”，直接影响了普洱茶的技艺。瑶族村寨地处高寒山区，男女老少皆喜茶，茶叶种类以苦茶为主，味甘带苦，性良可入药。响彻中华大地的经典歌曲《挑担茶叶上北京》就写于江华瑶族自治县井头湾村。江华瑶族自治县上五堡苦菜坪生长的茶曾被定为“贡茶”。

虽然江华瑶山茶叶分布广、品种多、品质优，但基本上为自产自销状

态，除了上五堡牛牯岭茶叶基地上规模外，其他均属于零星分布的小规模，没有规模也就没有经济效益。2010 年前后，桥市乡将军冲村、河路口镇朝礼村等茶叶生产村寨，在政府支持和地方精英引领下，开始土地流转，淘汰产量低的乔木茶，从外面引进采茶期较长的灌木茶，走上了茶叶的规模化、集约化之路。2011 年，桥市乡将军冲村党支部书记蒋星益带头到浙江省考察比较效益较高的白茶、黄金茶种植。当年，其从浙江省引进白茶、黄金茶等进行规模化种植。

2018 年暑假，我们带着几名学生在江华瑶族自治县做田野调查时，曾经走进桥市乡将军冲村高档白茶种植基地，只见翠绿的茶叶在初秋天阳光照耀下，绿浪泛鳞波，一派欣欣向荣的景象。在茶叶基地我们访谈了村党支部书记蒋星益，他介绍道：

"桥市历史上就有种茶的传统，家家户户都会炒茶。我们村现在还有几棵千年古树茶，很甜，我们叫它甜茶。味道虽好，但产量低，只能供认自己消费。扶贫组告诉我们，浙江的白茶产地跟我们这里差不多，我们就在 2011 年出去考察，引进了白茶和黄金茶品种。这两种茶加工工艺要求高，我们自己加工不了，卖茶叶到那边，效益还是不错。现在每亩收益达 4 000 多元，黄金茶每千克 800 元，种茶业成为帮助村民增收的主要产业之一。"（材料来源于笔者 2017 年 8 月 10 日在桥市乡的调研。）

平时把茶当饮料喝的瑶族群众心里根本没想到依靠茶叶种植来脱贫致富，引进白茶和黄金茶时，瑶族群众一直在观望，既不肯种植，也太乐意流转自己的山场土地给大户种植。村党支部书记蒋星益介绍道："2014 年，部分贫困户在政府颇具吸引力的补贴下开始尝试种植，现在建档立卡的贫困户都加入了种植队伍。"（资料来源于笔者 2017 年 8 月 10 日在桥市乡的调研。）

种植白茶、黄金茶究竟能给贫困户带来多少收入，带着疑问我们采访了一位贫困户的女主人：

“家里2014年年底才开始在自家山场种植5亩茶叶，主要是政府有补贴才种的。现在开始有收成了，每亩大概有两三千元的收入，比种地种田划算很多。自己种得不多，但可以帮种得多的人家做事，一天手工钱也有一两百元，一年可以工作5个月，这个白茶给我们这些没文化又出不去打工的人带来了实实在在的好处。”（材料来源于笔者2017年8月10日在桥市乡的调研。）

在田野调查中，我们听到了许多关于种茶致富的故事。在一个朋友的引荐下，我们来到了姑婆山脚下的招礼瑶寨开展调研。好客的平地瑶民，没等我们停下就冲泡了一壶苦茶请我们品尝，苦茶韵味绵绵，让我们遐想到了瑶族迁徙的艰难。招礼瑶寨在上五堡区域算较晚的移民聚居区，自然条件差，贫瘠旱地多，受周边牛牯岭茶叶基地的辐射带动，20世纪末就有村民开始零星种植苦茶，但经济收入主要源自外出务工，在县内算一类贫困村。2016年，该村在扶贫工作组的组织下，开始发展种茶业，与周边瑶寨种植本地苦茶不同的是，他们主要采用“公司+合作社+基地+农户（贫困户）”的产业发展模式引进白茶叶种植。驻村干部TWG解释了为何发展白茶产业的原因：

“我也是本地的瑶族干部，在县里上班，因为精准扶贫被派下来驻村。我小时候就听上辈人讲姑婆山的茶叶好喝，除开刮油外，可以做药，感冒、肚子疼时抓一把泡浓些喝，效果很好，越老的茶叶效果越好。我当时想发动村民种植本地茶叶，但产量上不去，风险大。后来县里号召发展白茶种植，我们就开始引进白茶。由于上五堡一带有种植茶叶的习惯，因此发展茶叶产业的时候，没遇到什么困难。为了减轻瑶族群众的顾虑，我们跟大户合作成立了茶叶合作社。”（材料来源于笔者2017年8月15日在上五堡地区的调研。）

瑶族群众虽然会种茶，但往往不会卖茶，对附加值较高的外来茶叶——白茶、黄金茶的品性不熟悉，技术掌握不好。浙江老板成立的茶叶专业合作社承担茶树良种推广、生态茶叶基地建设、品牌宣传、技术培训等业务，成为助推当地瑶族群众脱贫致富的引擎。

类似于招礼、将军冲瑶寨这样借助生态茶叶发展起来的瑶寨还很多，据地方官员介绍，全县已经建成涛圩、大圩、桥市等三个大型茶叶基地，茶叶种植面积达到5万亩。茶叶作为江华瑶族自治县主推的生态产业对带领瑶族群众走向小康社会发挥了积极作用。

二、因地制宜发展水果产业

江华瑶族自治县岭西片区的丘陵、山地，天然富含硒元素，具备发展水果产业得天独厚的自然优势。不少人早在十年前就听说过江华琅下有机水果——瑶山雪梨的盛名。2018年夏天在瑶族村寨的调查，更让我们感受到了水果产业带给群众的获得感。

与“柑橘之乡”广西壮族自治区富川瑶族自治县接壤的白芒营镇、河路口镇、涛圩镇一直在为该发展何种农业产业而纠结。也许是富川风生水起的柑橘产业及果农们红红火火的日子启发了他们。精准扶贫战略启动以来，白芒营镇党委和政府把水果产业作为富农工程来抓。水果种植的瓶颈之一是山场土地的有序流转。为此，他们引进了瑶山雪梨果业有限公司、新三农有限公司等农业产业化的龙头企业，借助实体的资本承接土地流转，提升土地流转的效益，降低农业市场带来的多元风险。为化解农业市场不确定性的风险，水果产业区还成立了水果合作社，政府果业办还建立了冷冻室助力水果产业富农。多措并举的政策，刺激了水果业的崛起，成为继茶叶产业之后的又一个富民工程。白芒营镇社湾村红山自然村有70户、380人，2014年贫困人口有12户、54人。2016年，红山自然村引进柑橘种植，流转土地10 000余亩，如今柑橘已挂果进入丰收期，户均可增收1.4万元。水果产业的发展还理顺了系列产业链条，激活了林下经济以及观光旅游业。红山自然村一位周姓脱贫对象告诉我们：

“2015 年后，我在柑橘园上班，主要负责护苗、除草等工作，每天工资 70 元，年工作 200 余天，光工资收入就有 1 万多元，加上土地流转的收入，每年增收 2 万余元，现在已经脱贫了。”（资料来源于笔者 2018 年 8 月在白芒营镇的调研。）

像这位脱贫对象这样借助水果产业脱贫的不在少数，毕竟水果种植技术含量不高，容易照料，只要销路对、行情好，比较效益好于种田。

湘西猕猴桃是送给勤劳的湘西人民的一份因地制宜、脱贫致富的厚礼。湘南的山地和湘西的山地海拔差不多，土壤条件相似，也具有发展猕猴桃产业的基础。江华瑶族自治县的瑶山里野生猕猴桃不少，只是在湘西猕猴桃产业发展起来之前，不为人所重视。

2014 年以来，萌渚岭山下的部分瑶寨还可以发展猕猴桃产业，桥市乡野猪桥村就是一个典型。2017 年暑假我们在野猪桥村调研时，该村村干部程某某介绍：

“今年猕猴桃首次挂果，全村大概种植了 300 亩，有 6 万斤收成。我们采用网络直播水果采摘现场，通过网络直销半天就销掉了 1 万多斤，效果很好。猕猴桃基地进入丰产期后，亩产量可达到 6 000 斤，农民的收入将进一步翻番。”（资料来源于笔者 2017 年 8 月在桥市乡的调研。）

江华瑶族自治县的水果产业虽然没有茶叶产业那样的传统和基础，但随着人们生活水平的提升，生态果业成为人们的消费新宠，良好的生态、远离污染加上土壤含硒，江华瑶族自治县的水果产业将与其他生态农业产业一样在富农过程中发挥独到的作用。

第二节　像保护眼睛一样保护生态

绿色生态农业和绿色产业的发展基础是良好的生态，生态是皮，产业是毛，皮之不存，毛将焉附？江华瑶族自治县作为南岭走廊的核心区域，是华南绿色屏障的有机组成部分。生态绿色屏障，不加以保护同样可以变成荒山。历史上，这样的教训太多。难能可贵的是，江华瑶族自治县历届政府领导对生态保护都给予了极大的支持，延续了传统瑶族对生态的敬畏。江华瑶族自治县第十一次党代会提出：以生态文明建设总揽全县经济社会发展大局，全面实施“生态立县、民营活县、产业强县、开放兴县”发展战略，把生态立县摆在首位，创新保护措施，实施生态治理工程，坚决走绿色生态发展之路，强力推进生态文明建设。

一、始创县级生态公益林区

生态是资源，生态更是生产力。保护生态不是一句口号可为之。保护生态最好的办法是采取有效措施禁伐。2011 年开始，江华瑶族自治县对具有重要生态功能的林区，划定禁垦区、禁伐区，划定生态红线。江华瑶族自治县境内的涔天河是湘江四大支流之一的潇水的上游河段，江华瑶族自治县把涔天河流域内约 2 200 平方千米确定为生态功能保护区，实行全面禁伐，封山育林，保护好潇水源头。在严格执行国家、省、市公益林政策的同时，江华瑶族自治县委、县政府领导在全国率先设立县级生态公益林，扩大公益林保护范围，把一些长江防护林边缘区域也扩大为禁伐区。公益林的扩大如果不建立补偿机制，势必会影响群众的利益，从而会招致群众的反对。因此，将未列入国家和省级生态公益林范围的林区，列为县级生态公益林，首要任务是补偿机制要科学合理。江华瑶族自治县参照国家和省级每年每亩补偿 17 元的标准，全部由县财政补偿，在财政方面保障了群众经济利益。由于毗邻珠江三角洲地区，江华瑶族自治县农村的劳动力大多外流，实际上大部分家庭的收入不再依靠林木，因此这一项工作推行起来障碍不大。但是也有部分因多种原因不适合外出务工的人员，扩大公益林对他们的生活有一定的影响，针对这部分家庭需要重新开设新的岗位，否则他们将跌入贫困的圈子。江华瑶族自治县的做法是设立护林员岗位，将林区的劳动力转为护林员，选聘了310名护林员，每人年工资1万元，同时引导没有外出务工的劳动力在不破坏林木的基础上，发展林下经济，实施体验式生态旅游业等新型业态，实现转型发展，生态脱贫。

二、实施生态文明治理工程

生态保护工程实质上就是乡镇治理工程，属于社会治理范畴。治理主体是地方性政府和社会组织，治理客体当属自然界的水、气、树等。为此，瞄准“天蓝、水清、城绿、村美”的生态文明画卷，江华瑶族自治县全力实施“治气、净水、增绿、洁地”四大治理工程。

（一）通过节能减排治理废气

虽然千里瑶山没有雾霾，但随着沿海地区部分产业转移，在承接产业转移过程中也会遇到一些污染未达标的企业，其排放的气体成为生态环境的污染源。以汽车为代表的现代交通工具迅猛发展，汽车尾气的污染也不容忽视。地区生产总值对民族区域经济的促进作用显而易见，江华瑶族自治县的发展没有“唯GDP”论，对排放没有达标的企业，强行推行节能减排工作。节能最好的方式是化节能理念于日常生活，实施生活节能工程，普及使用节能、节水器具；倡导绿色出行，积极推广新能源交通工具。近年来，江华瑶族自治县城区空气质量优良率常年保持在95%以上。

（二）实行“河长制”，启动“净水”工程

城镇化打破了乡村的寂静，给乡村带来现代化的同时，也把现代化的副产品抛到了乡村，各种垃圾食品下乡，各种高残留的农业、化肥、除草剂、化学生活用品侵蚀着洁净的乡村。曾经美丽的乡村处处被污染包围。曾经清澈的小河，现在满是白色污染，水污染无处不在。没有水的洁净，就谈不上生态的良好。开展“净水”工程，成为江华人民的自觉行动。据环境保护部门介绍，仅2013—2017年，政府投入资金1.3亿元，整治河道830千米，5 000米以下的小溪流都有责任人。“河长制”的推行，给千里

瑶山大小河流水质的保护带来了实实在在的成效。2016 年，从环境保护部门公布的数据看，饮用水水源地保护 100%，集中式饮用水源水质达标率 100%，城镇污水处理率达到 100%，流域水质全部达到二类以上，且绝大部分为一类水质。

（三）实施“增绿”工程，美化家园

绿色是生命的象征。继广东省率先消灭宜林荒山后，湖南省也消灭了宜林荒山。处于南岭走廊核心绿色屏障的组成部分江华瑶山的人民对绿水青山有天然的情感，蕴藏积累了丰富的造林植树地方性知识。受利益的驱动，随着资本下乡，部分杉树林被成片砍伐，留下了部分荒山，成片的野生油茶林因其产量低也被无情地挖掉。在调查过程中经常有村民告诉我们这里过去是什么林、那里过去是什么林，并不时地为过去的油茶品种被砍伐掉而叹气。消失得最快的是松树林，大片大片的松树林因其附加值低被无情砍伐，用以种植水果，或者被开发出来作为其他产业用地。针对种种“绿色危机”，江华瑶族自治县的林业部门采取了行动。一位林业部门的官员告诉我们：“2014 年以来，全县人工造林面积达到 25.4 万亩，封山育林面积达 11 万亩，义务植树 250.4 万株。”不管这些数据是否可靠，但实施了“增绿”工程是事实。

第三节　构建生态产业体系

生态工业撑起县域经济，坚定不移走绿色生态发展之路。在调研过程中，我们对此有了感性认识。在产业园区调研时，园区管理干部，挂在口头上的一句话是：“规模企业进园区，小微企业进乡村，农业产业建基地，旅游产业谋全域。”可见其都对全县致力于构建的生态产业体系有清晰的认识。

农业没有税收，种植业无论如何发展，如不与其他产业结合对区域发展的贡献率有限。因此，经济相对落后区域对第二产业的发展尤其重视。一些落后区域为了引进一个能纳税的企业，可以暂时牺牲当地的环境，以牺牲环境换取地区生产总值。江华瑶族自治县在承接产业转移过程中非常谨慎，不“唯 GDP 论”，坚持生态优先，凡是不符合国家产业政策的项目一个不上、一个不引，对高污染项目坚决亮“红灯”，让经济开发区成为一座不冒烟的工业园，收获“绿色 GDP”。2016 年，经济开发区实现工贸总收入 124 亿元，实现规模工业总产值 105 亿元，拥有国家高新技术企业 10 家。一个县级经济开发区在拒绝高污染企业的前提下，交出如此答卷，让人眼前一亮。

凭什么引进绿色企业？江华瑶族自治县的经验是主动对接而非被动承接。台资企业江华晟瑞电子有限公司总经理赖建宏说：

“是美好的缘分，让我 2011 年从广东来到江华瑶族自治县投资办厂。当时，因招工问题，我想到内陆办厂，去江西、广西考察过，后来碰上江华瑶族自治县去广东开招商会，县领导积极的态度、周到的服务打动了我。”（资料来源于笔者 2017 年 7 月的调研。）

缘分不是从天而降，而是顺势而为的结晶，没有主动对接的态度，就不会有缘分的降临。以生产手机和汽车的液晶显示屏（LCD）、触摸屏、背光源等产品为核心的贵德集团，从项目签约到产品生产前后就用了 150 天，当年就实现营业收入 10 亿元。新闻媒体称之为“江华速度”，其背后的逻辑是江华瑶族自治县怀着诚挚的心主动对接高新技术产业。

经济后发地区之前的优势，如生态良好、减免税收、劳动力廉价、原材料丰富等在信息化时代已经没有太多优势。智能化时代悄然来临，企业需要的是“母亲式”温馨的服务。贵德集团一名管理人员自豪地说：

“让我们企业扎根江华瑶族自治县的因素很多，其中最让人动心的是他们提供的服务。我们还在洽谈过程中的时候，江华瑶族自治县委、县政府的领导就利用中南大学在江华瑶族自治县扶贫的优势，与中南大学材料科学与工程学院共同构建了一个国家级实验室，了却了我们多年的夙愿。”（资料来源于笔者 2017 年 7 月的调研。）

全国最大的快递单生产企业——九恒集团，是占据中国快递物流运单半壁江山的行业龙头企业。一名高管在谈到为何选择江华产业园区的时候吐露了心声：

“几年前集团决定实施产业转移时，江华瑶族自治县只是一个预备方案。但是政府热忱的‘保姆式服务’深深打动了我们。园区的贴心服务让我们感动！我们第一家入驻的九恒条码公司从厂房开工建设到第一单产品下线仅用时 120 天。入驻 5 年来，江华瑶族自治县还主动帮助我们加强与中南大学等高等院校合作，设立博士后科研流动站、院士工作站，进行科技创新。”（资料来源于笔者 2017 年 7 月的调研。）

随着营商环境优化，东部沿海地区“腾笼换鸟”引进企业，江华瑶族自治县的最终目的是要将这些“鸟”变成自己的“金凤凰”。这也是江华瑶族自治县崛起的秘密之一。

第四节 构建“党建+”工程

抓党建就是抓发展，谋发展必须抓党建。江华瑶族自治县这几年的迅猛发展与崛起，党建领航起到了关键作用，形成了“支部建在产业上，党员聚在产业上，农民富在产业上”的党建模式。

一、“党员 1+*N*”模式

作为国家级贫困县，精准脱贫成了核心工作。江华瑶族自治县“党员 1+*N*”模式吸引了我们的注意力，其核心内涵是 1 个党员，帮助 *N* 个建档立卡对象，与贫困对象建立“手拉手”关系。江华瑶族自治县委组织部一位官员向我们列举了好几个典型：

界牌乡按照“党建引领促脱贫，农业产业建基地”模式，以洪源村大坪子为中心打造了“猪、沼、果、电”生态产业园，区域面积达10平方千米，覆盖6个村、11 300人，涉及建档立卡贫困户513户、1 955人增收致富。（资料来源于笔者2017年7月的调研。）

涔天河水库是湖南省“十三五”期间的一号水利工程，其建设意义本书不赘述。像众多水库一样，移民问题是水库建设的第一难题。在“党员1+N”模式影响下，一批党员发挥了示范作用。在新水口镇，一位二次移民的瑶族群众告诉我们，他之所以自愿搬迁，是支部书记感化了他。他说：“支部书记第一个搬到了断电停水的安居房，在支部书记的感召下，大家才陆陆续续搬迁。”

二、党建示范走廊

江华瑶族自治县地处湘桂走廊的核心地段，江华瑶族自治县立足省际边界县的实际，携手广西壮族自治区八步、富川等县瑶族聚集区，联手创建省际党建联动区、百里党建示范走廊区。据江华瑶族自治县委组织部负责人介绍，党建示范走廊主要是打破地域限制，将党组织建在产业链上，建在行业协会中，采取“支部+公司+合作经济组织+基地+农户”的方式，培养一大批“双带型”村干部和产业带头人。由于调研的村寨有限，笔者没能就党建示范走廊开展深度访谈。本书提及这个概念，是希望有机会就此问题开展调研。

“绿水青山就是金山银山。”近年来，南岭走廊最具代表性的瑶族自治县——江华瑶族自治县，恪守生态理念，守住生态底线，在保护生态的前提，推行绿色崛起战略，创造了历史奇迹，处于历史上最好的发展阶段。从以茶叶、水果业为主的生态农业到科技含量较高的信息技术产业，无不透露出“绿色”气息。绿色产业的健康发展，一定程度上归功于党建领航，党建工作的创新成为江华瑶族自治县绿色崛起的动力。

结语　南岭走廊瑶族区域的振兴之路

2017 年 6 月，我们承办了首届南岭走廊论坛，其影响力始料不及，既向国内学术界宣传了湘南学院，又在湘南学院播下了南岭走廊研究的学术种子。两年多来，这颗种子破土发芽，慢慢成长，已成小苗甚至小森林之势。人文社会科学院系中，已有一批研究人员，围绕南岭走廊区域的文化遗产、村寨治理、民间艺术、乡村振兴开展了大量田野调查，取得了丰富的第一手资料，在此基础上形成了一批研究成果，为全校师生瞩目。“南岭风”以其特有的地方属性强有力地刮向人文社会科学院系，甚至部分医学院系。

南岭走廊为古代“一带”与“一路”的连接点，自秦汉以来，这里就是中原文化与百越文明激烈碰撞的区域，之后又成为中原文化、客家文化、苗瑶语族文化交汇之处。作为多民族区域，南岭走廊主体少数民族为瑶族，国内瑶族自治县全部集中在粤北、桂东、湘南交界区。国内外学者对瑶族的研究，其成果十分丰硕，在本书开篇已有提及，在此不再赘述。

湘南作为南岭走廊的核心区域，萌渚岭、骑田岭、都庞岭横贯其中，民族村寨星罗棋布，文化孤岛孑然独立，既有诗也有远方，为文化寻古理想之地，是民族学、人类学、社会学天然研究场域。近十年来，我们利用区域之便，游走在湘南乡村大地，在田野中阅读、理解、思索厚重的瑶族文化，在鲜活的现实生活中感悟瑶族的地方性知识与智慧，虽然不能悟其奥秘，亦偶有所得。本书之理论篇，或为读书偶得，或为田野想象之思，虽然无法窥探瑶族文化之真谛，但也是辛勤汗水的结晶。在该篇，我们主要思考瑶族，尤其是源自盘瑶，又通过吸收主流民族文化精华超越盘瑶的平地瑶的治理智慧，如“千户长”“瑶老制”的治理智慧、瑶族的生态智慧，在梳理瑶族历史智慧的同时，秉持古为今用的理念，结合不断变迁的历史语境实现创造性转化，赋予其当代价值，服务于南岭走廊的乡村振兴。

本书之实证篇为系列个案研究。有针对区域发展的质性研究，如对神州瑶都——江华瑶族自治县的解剖。江华瑶族自治县是全国最大的瑶族自治县，面积最大，瑶族人口最多，更为重要的是近年来，江华瑶族自治县的党政领导智慧地运用多重政策叠加的优势，坚持生态立县理念，实施绿色崛起战略，不仅摆脱了贫困，各种社会经济指标都位居同类区域前茅，创造了一个个堪称“样本”的奇迹。我们从生态农业、绿色产业、党建领航等几个方面进行了深度剖析，更多的是对典型瑶族村寨的深入研究。特色村镇建设浪潮汹涌，至今未见消退，影响力之大出乎意料。瑶族是一个喜茶、擅于制茶的民族，在乡村建设中借助瑶族茶文化，发展产业甚至文旅产业的案例颇多，我们利用暑假机会针对汝城县旱塘村茶文化特色村寨建设过程中的得与失进行了思考。旱塘村的确有不少村民通过茶产业获得了脱贫资本，遗憾的是以前常见的本地乔木古树茶，因其产量不高逐步被砍伐，有的茶树物种已经消失，有的正在消失，令人心痛。旱塘村的茶叶品质不错，却没有获得应有的价格，原因何在？我们认为，该村茶叶产业的无序竞争是主因。脱贫之后路在何方？瑶族村寨能否实现可持续性发展，进而实现乡村振兴？为了破解心中的谜团，我们选择了跳石子瑶寨为社会实验对象，并进行了长期的跟踪，跟踪它的产业扶贫，追踪它的乡村治理。跳石子瑶寨在新时期确实振兴了，产业起来了、秩序好了、人民富了，民众的获得感和幸福感都得到了提升。跳石子瑶寨以村民为主体的治理模式能否适用于复杂的村寨，还需要在实践中检验。实施少数民族特色村寨建设，是党和国家在新时期为解决民族文化传承与保护问题的一大举措，政府希望借优秀文化传承与保护的东风，实现少数民族特色村寨优秀传统文化复活，引领特色村的振兴，为此我们选择湘南地郴州的黄家塝、三江口、沙洲以及回龙山等国家级和省级少数民族特色村镇对少数民族特色村寨建设取得的效果进行追踪评估。从评估结果看，少数民族特色村寨建设成效有喜有忧。

我们扣住南岭走廊瑶族研究主题，做了多年的思考与研究，也在艰辛付出中有所收获。之前的研究主要运用田野调查方法在湘南部分瑶族村寨开展质性研究，运用的学科理论方法以人类学、社会学的为主。不管是研究区域，还是研究对象，研究方法与问题都存在短板，需要我们在进一步的研究中予以克服与完善。

“把论文写在祖国的大地上。”地方性本科院校转型发展、特色发展、后发崛起的资本是地方化的资源。立足地方社会的历史文化办学，回应地方社会的需求，地方性本科院校才有活力。地处南岭走廊核心区域的郴州，湘南学院的教学、科研、社会服务走向何方？做何选择？在彷徨中，我们上下求索。近年来，我们逐渐意识到，南岭走廊的历史文化遗产、山地民族的生产生活，不断变化的矛盾是我们的聚焦点。与南岭走廊的历史同在，与南岭走廊各民族的需求同在，在微观层面回应党和国家的重大决策，我们的研究才有生命力。从现代意义上的民族学、人类学传到中国之后，毗邻珠江三角洲地区的南岭瑶族成为第一代民族学、人类学家探寻文化之谜的对象。瑶族研究已经走过了90年，研究范围涉及社会制度、历史文化、社会变迁、体质等，研究成果汗牛充栋。但瑶族研究并非没有空间，瑶族社会在变迁、在发展，不同历史语境下，总会产生烙有时代痕迹的社会问题。新时代，瑶族的主要矛盾发生了改变，瑶族人民的需求发生了变化。乡村振兴背景下，瑶族研究的问题域不断出现，学术增长点不断涌现。汲取其他学科的营养，我们将坚守南岭走廊研究阵地，打破学科壁垒、行政区域约束，用两条腿走路，走进南岭走廊，瞄准粤港澳大湾区，对接“一带一路”倡议开展研究，为瑶族研究甚至南岭走廊山地民族研究走出一条“活路”，开创一片晴空。

后　记

著名诗人艾青曾经饱含深情地写下：“为什么我的眼里常含泪水，因为我对这土地爱得深沉。”生在湘南，工作在湘南，我们自然对这片历史久远的多民族文化交融的区域充满着深情真意。

社会科学，不管是法学、社会学、管理学还是经济学，抽象出学科共性就是研究人与社会的学科。在确定以南岭走廊为研究区域后，我们尤其重视学科特色凝练及研究团队建设、培育。2017 年，通过努力我们申报的湖南省民族宗教委员会研究基地“南岭走廊乡村建设研究基地”获得立项，围绕该研究基地，我们推动跨界融合，致力于打造一个跨学科、跨院系的研究团队。此后，团队成员经常在一起散步、喝茶、谈学术、聊人生，既请进来又走出去。两年来，围绕南岭走廊研究，我们主持了 20 多场学术讲座，举办了 10 余次学术讨论会，组织师生开展了 20 多次田野调查，主动参加了 10 多次学术会议。频繁的学术思想交锋，产生了些许学术火花，结出了部分学术果实。由于对瑶族历史文化及社会治理关注较多，2018 年年初，我们就有将部分瑶族研究的成果结集出版的萌动。

整理出版一本专著，比我们预想的难很多。首先是体系问题。虽然团队成员形成了大体上一致的研究方向，但研究旨趣不一，具体方向有别，把不同作者的成果整合起来形成一个体系，我们做了诸多取舍。其次是研究区域问题。南岭走廊核心区域辐射到湘南、粤北、桂东。近年来，我们的研究范围主要集中在湘南，具体来说聚焦在郴州汝城、宜章莽山以及永州的江华、江永等瑶族区域的部分村寨。所选择的样本是否具有代表性、是否需要扩大研究范围也让我们颇费周折。经过研究团队商议，我们还是决定暂且不扩大范围，等条件成熟后再扩大。其次是族别研究问题。南岭走廊拥有十几个少数民族，大都已经形成“大杂居，小聚居”格局。现代化、城镇化背景下，封闭的瑶山被注入了不同的文化符号，过去那种单一的民族村寨掺入了“杂色”，瑶族与其他民族共居一个村寨成了常态，仅仅选择瑶族作为研究对象，其合理性何在？我们虽然想与其他族群进行比较研究，但限于多种暂且难以克服的困难，还是做了主动退却，有的问题需要在进一步的研究中解决。